Jan Weiler

Max

JAN WEILER

MAX

MEMOIREN EINES SCHULANFÄNGERS

Mit Illustrationen
von Ole Könnecke

Hanser

INHALT

KLEIN SEIN

ALSO, was blöd ist, das ist, dass ich noch so klein bin, zum Beispiel bin ich zu klein, um an den Kakao dranzukommen, der steht nämlich auf dem Bord in der Küche, und wenn ich Kakao möchte, muss ich fragen und meine Mama sagt, okay, gleich, aber das dauert mir zu lange und deshalb muss ich klettern, und zwar mache ich die untere Schublade vom Küchenschrank auf und die zweitoberste auch

und dann kann ich ziemlich fix raufklettern, und wenn ich mich hinstelle, dann komme ich an den Kakao, aber ich darf mich nicht am Bord hochziehen, sonst bricht es ab und dann fliegt alles runter und meine Mama ruft Ogottogott und was habe ich jetzt wieder angestellt und sie hätte ein so schönes Leben haben können und was hat sie, nichts als Ärger und der Handwerker muss kommen und alles reparieren und das kostet, kostet, kostet und für das Skateboard sieht sie schwarz und außerdem sei ich zu groß für Kakao, und das verstehe ich

nicht: zu groß für Kakao, aber zu klein zum Drankommen, und jeden-

falls mag ich Handwerker, weil die meistens lustig sind, wie der eine,

der neulich die Waschmaschine gebracht hat, die in den Keller musste,

und beim Runterbringen hat er geschwitzt wie der Käse, den ich im

Sommer in der Sonne vergessen habe, und dann hat er geschimpft, der

Handwerker, und Mama hat gesagt, er soll etwas leiser fluchen, damit

der Junge – das bin ich – das nicht alles hört, und am Ende denkt jemand,

sie würde dem Jungen so etwas beibringen, dabei hatte ich ihn gar nicht

verstanden und das war schade, aber am Ende hat er mich mit seiner

Karre durch den Garten gefahren und gesagt, ich sei ja schon ein richtig

großer Junge und er könne mich gerne mitnehmen, wenn Mama mich

nicht mehr wollte, aber dann ist er doch ohne mich losgefahren und

Mama und ich haben uns die neue Waschmaschine

angesehen und sie hat ein extragroßes Loch

gehabt und ich habe der Mama gezeigt,

dass ich da reinpasse, und das hat ihr gar

nicht gefallen und Papa hat abends gesagt,

das wäre zu gefährlich mit einem Knirps

wie mir und am Ende klettere ich rein

und die Tür geht zu, nicht auszudenken,

und ich sei einfach noch zu klein für so eine große Waschmaschine, und am nächsten Tag kam der Mann wieder und hat die Waschmaschine raufgeschleppt und eine andere mit einem kleinen Loch wieder runter und er hat noch viel mehr geschimpft als am ersten Tag und er war auch nicht mehr so lustig und am Ende hat er gesagt, die neue Maschine sei besser für kleine Leute wie mich, und da muss ich jetzt mal sagen: Mit den Erwachsenen ist es wirklich nicht leicht, mal ist man schon zu groß und mal zu klein, sie können sich einfach nicht entscheiden.

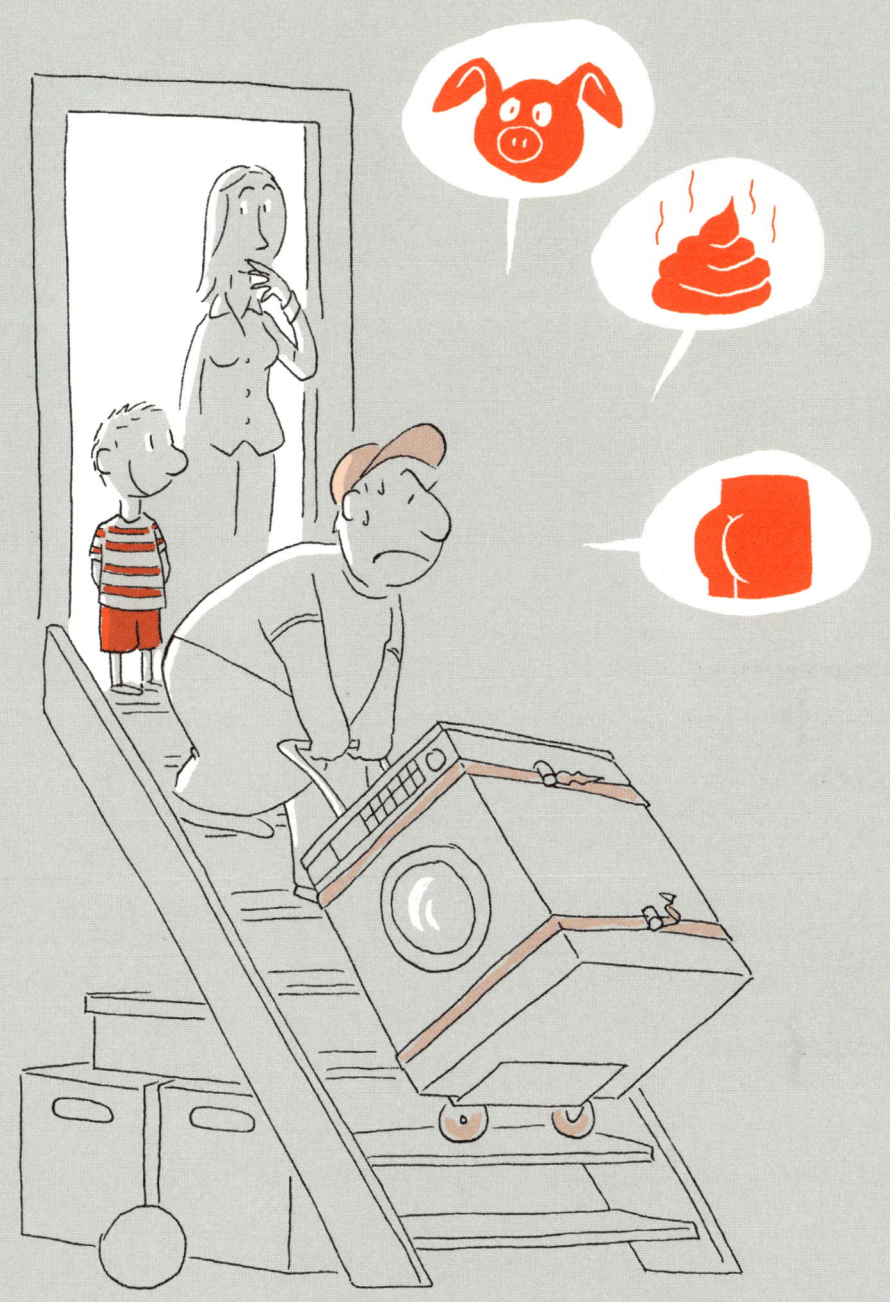

MEIN ERSTER SCHULTAG

ALSO, als ich in die Schule gekommen bin, das war super, denn ich habe natürlich eine Schultüte bekommen und alleine deshalb hat es sich schon gelohnt, es war nämlich eine Menge Süßigkeiten drin, und eigentlich darf ich am Tag nur eine Süßigkeit haben, aber an dem Tag war es egal, da habe ich ziemlich viel davon gegessen, schon bevor wir überhaupt losgegangen sind, und eigentlich war mir ganz schön schlecht, aber ich habe es mir nicht anmerken lassen, damit meine Eltern nicht sagen: So, das hast du davon, in Zukunft gibt es für dich keine Süßigkeiten mehr, bloß Radieschen oder so was, und jedenfalls mussten wir uns in der Turnhalle hinsetzen und die älteren Kinder haben was vorgesungen und geturnt,

aber das hätte ich auch schon gekonnt und ich habe gedacht, na prima,
hier lernt man also Purzelbaum, ich habe sogar schon mal einen
zweifachen Purzelbaum gemacht, nur bin ich nach dem zweiten die
Treppe runtergepurzelt und alle haben sich erschreckt, dabei hat
es gar nicht wehgetan, jedenfalls wurden dann alle Kinder aufgerufen,
die in eine Klasse gekommen sind, und das sind bei uns 26 und
davon sind genau 13 Mädchen, das ist die Hälfte, hat die Mama gesagt
und alle meine Freunde waren dabei,
auch der Fritz, und das hat mir gut
gefallen, weil wir dann sofort
Blödsinn machen konnten,

und Fritz hat sich die Bleistifte aus seinem
Mäppchen in die Nase gesteckt und ganz
komisch geguckt und erst haben wir alle gelacht,
aber dann haben wir gemerkt, dass er es selber gar nicht so lustig fand,
und die Lehrerin Frau Kördel, die ist sehr hübsch, die Frau Kördel,
und sie hat den Direktor geholt und den Hausmeister und sie haben
um Fritz rumgestanden und der Direktor hat den Kopf geschüttelt
und dann haben sie die Mutter vom Fritz geholt, die war nämlich noch
da und hat mit meiner Mama Kaffee getrunken und sie musste ihn
wieder mitnehmen und er hat wirklich komisch ausgesehen, und da war
der erste Schultag schon vorbei und ich weiß noch, dass ich gedacht
habe, dass Schule eine ziemlich aufregende Sache ist, wenn man einen
Freund wie den Fritz hat.

EINKAUFEN

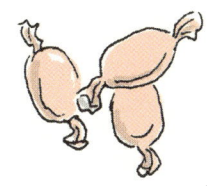

ALSO, was ich wirklich gerne mache, das ist einkaufen, wobei ich lieber mit dem Papa einkaufen gehe als mit der Mama, weil der sich nicht so gut auskennt und man bekommt viel mehr als bei der Mama, sie kennt nämlich alle, alle Dinge, die man überhaupt einkaufen kann, und das meiste findet sie blöd und sie kauft so einen Schwachsinn nicht und überhaupt hat sie immer einen langen Zettel, wo alles draufsteht, was sie braucht, und dann schickt sie mich los und sagt, ich solle fünf Bananen holen oder zwei Packungen Milch, während sie beim Käse steht, und dann sause ich los und hole alles und bringe es zum Wagen und einmal habe ich ganz viel geholt und habe es in den Wagen geworfen und da hat eine fremde Stimme zu mir gesagt: Nanana, das ist aber nicht für mich, und ich habe hochgeguckt und da stand eine ganz alte Frau und ich hatte die Sachen in den falschen Wagen geworfen, aber meine Mutter hat sie wieder rausgeholt, und wenn ich brav helfe, kann ich mir an der Kasse eine Süßigkeit aussuchen, aber nur eine und kein Heft mit Geschenk dran, die darf ich nicht mehr haben, weil das immer nur Blödsinn ist, hat meine Mama gesagt und deshalb gehe ich lieber mit Papa einkaufen, das macht viel mehr Spaß und wir gehen in den Supermarkt und er sagt, so, was brauchen wir denn alles, und dann zeige ich ihm, was ich so brauche, und er fragt immer, ob das wirklich nötig ist, und ich sage, ja, total dringend irre nötig, und er sagt, na gut, und ich darf mir meinen Lieblingsjoghurt aussuchen und Wackelpudding und Toast und Ketchup und Mayo (beides in EINER einzigen Tube) und Gummischlangen und rote Limonade und das Klopapier mit dem Bären und ein Heft mit einer Spionlampe und noch etwas an der Kasse, da sagt Papa aber, jetzt ist es mal gut, und ich sage, dass ich bei Mama aber immer was von der Kasse darf, und er sagt, na ja, wenn das so ist, dann such dir halt was aus, und dann kauft er noch Eis für uns beide und sagt, wir müssten das Eis schnell aufessen, bevor wir zu Hause sind, damit Mama nicht schimpft, und das ist für mich kein Problem und wir fahren nach Hause und stellen die Sachen in die Küche und dann höre ich die Mama rufen, dass sie die Motten kriegt und ob der Papa eigentlich einen Vogel hat und sie würde sich bemühen, die Kinder zur Bescheidenheit zu erziehen, aber Papa sagt, das seien alles total dringend irre nötige Dinge, und ich finde, da hat er recht, und man muss schon sagen, in Erziehung ist mein Papa echt gut.

PAUSE

ALSO, in der Pause habe ich viel zu tun, ich muss dann nämlich erst mal nachgucken, was auf meinem Brot ist, und meistens ist es Salami oder Käse, und wenn Papa es gemacht hat, ist fast immer auch ein Gummibärchen drin oder ein Stück Schokolade und ich habe mal gehört, dass Mama ihm verboten hat, was Süßes rein zu tun, und ich soll lieber noch eine Möhre haben oder ein Stück Gurke, aber die wird fies, wenn man sie nicht schnell genug isst und total warm und schrumpelig und ein Gummibärchen eben nicht, das ist immer frisch und lecker und jedenfalls muss ich also erst einmal reingucken und manchmal tausche ich auch mit Leonhard, sein Papa ist nämlich Koch und der macht supertolle Pausenbrote mit ganz viel Verzierung und Leonhard mag die gar nicht soooo gerne, hat er gesagt, er will lieber mein Salamibrot, und nach dem Essen müssen wir zu den anderen und meistens ärgern wir dann die Mädchen und dann kommt Frau Kördel und sagt, wir seien keine Kavalleriere, und das stimmt auch, weil die nämlich immer Pferde haben und wir haben keine Pferde, und danach spielen wir Fußball mit so einem kleinen Ball und der fliegt immer rüber zu dem Nachbarn, der ist schon uralt und sieht aus wie die Schildkröte von meiner Cousine, die ist auch alt (also die Schildkröte, meine Cousine ist neun), und wenn er den Ball einmal hat, dann gibt er ihn nicht mehr her und wir müssen losen, wer den Ball bei ihm aus dem Vorgarten holt, und das muss schnell gehen, weil er sonst die Tür aufreißt, und wenn man dann noch bei ihm auf dem Grundstück ist, wird man zu Stein und einmal ist mir das beinahe passiert, da habe ich beim Losen verloren, und als ich gerade den Ball hatte, ist die Tür aufgegangen,

aber ich glaube, er hat gar nicht wegen mir die Tür aufgemacht, sondern
er wollte bloß zum Einkaufen und er hat gelächelt und gesagt, na,
du kleiner Racker, aber es kann auch sein, dass er sich nur verstellt hat,
so ähnlich wie die Hexe bei Hänsel und Gretel, auf jeden Fall bin ich
manchmal richtig froh, wenn die Pause wieder zu Ende ist, aber echt.

KETCHUP

ALSO, das mit dem Fleck auf dem neuen Sofa war
ich nicht, ich darf nämlich gar nicht essen auf
dem Sofa, hat die Mama gesagt und dass man auf
dem Stoff rumkleckert und etwas verschüttet und hinterher will
es wieder keiner gewesen sein, und deshalb muss ich auf dem Boden
vor dem Sofa essen, aber eigentlich mag sie das auch nicht gerne,
denn wir sind keine Barbaren und wir haben schließlich einen Esstisch
und ich soll mich da hinsetzen, was ich auch mache, obwohl man
vom Esstisch den Fernseher nicht sehen kann, und dann hat ja das
ganze Abendbrot keinen Sinn und da sitze ich lieber auf dem Boden;
jedenfalls ist es ein sehr helles Sofa und man sieht alles, alles, alles,
hat meine Mama gesagt, und weil man alles sieht, hat sie auch den Fleck
sofort entdeckt, aber der war auch nicht schwer zu finden, denn er
war ziemlich groß und rot und mitten drauf und sie war ziemlich böse
und hat natürlich zuerst mich verdächtigt, weil sie immer als Erstes
mich verdächtigt, und ich habe angefangen zu weinen, weil ich gar nichts

gemacht habe, und meine große Schwester hat gesagt,
sie hätte nichts Rotes gegessen, und Mama hat
gemeint, es ist bestimmt Ketchup, aber das
hat nicht gestimmt, weil Ketchup auf Stoff
ganz anders aussieht, damit kenne ich
mich aus und Mama war total böse auf uns
und dann ist Papa nach Hause gekommen
und sie hat ihm den Fleck gezeigt und dann
sagte er, das sei vielleicht er gewesen mit dem Rotwein und es täte ihm
sehr leid und da hat Mama gesagt, er könnte es sich jetzt aussuchen,
ob er ein Lätzchen umbindet, wenn er auf dem Sofa was trinken will,
oder er kann sich wie Max vor das Sofa auf den Boden setzen, aber nicht
mehr drauf und er hat gesagt, das sei sein Sofa und er könne seinen
Wein trinken wo er will und da hat die Mama ganz komisch geguckt,
ungefähr so wie damals, als ich mit ihrem Autoschlüssel die Farbe
umgerührt habe, mit der Papa meinen Schrank angemalt hat, und dann
musste ich ins Bett, dabei war ich noch nicht so müde und deshalb
bin ich später noch mal ins Wohnzimmer gegangen, um zu sagen,
dass ich nicht schlafen kann, und da haben die beiden auf dem Boden
gesessen und sie hatten Kerzen angezündet und beide haben sie
Rotwein getrunken und gar keine Flecken gemacht und sie waren

sehr gut gelaunt, aber ein bisschen komisch fand ich das schon:
Erst kaufen sie ein teures Sofa und dann sitzen sie gar nicht drauf,
sondern auf dem Boden und kichern – die sind schon echt ganz
schön seltsam, meine Mama und mein Papa.

MEINE SCHWESTER

ALSO, ich habe auch noch eine Schwester und die heißt Therese
und sie ist elf und blöd und sie kann schon Gitarre spielen und einen
Kopfstand machen und ich kann nichts davon, aber dafür hat sie nur
Mädchenspielsachen und man kann überhaupt gar nichts mit ihr
anfangen, weil sie immer Mädchensachen sagt, wie: Mama, ich kann
die Haarspange nicht finden oder so etwas und manchmal will ich
aber trotzdem in ihr Zimmer, besonders wenn sie Besuch hat, aber sie
will mich nicht dabeihaben und sie sagt, ich sei zu klein für die Sachen,
die sie machen, und das stimmt aber gar nicht und ich jammere
so lange rum, bis mein Papa sagt, sie sollen mich nicht ausschließen
und Therese könne froh sein, dass sie keinen älteren Bruder habe
und so weiter, und sie sagt, na gut, aber wenn er was
kaputt macht, fliegt er raus und nach einer Minute
fliege ich raus, weil ich über ihre Schleich-Tiere

getrampelt bin und alles geht von vorne los, und sie trägt manchmal Röcke und sie sagt, ich dürfte keine Röcke tragen, weil ich nur ein Junge sei, dabei will ich überhaupt keine Röcke tragen, ich bin doch nicht plemplem, und sie sagt, dass Jungen blöd sind und dass man überhaupt keine Jungen braucht und dass die Welt ein besserer Platz wäre, wenn es nur Mädchen gäbe, aber da bin ich nicht so sicher, weil dann niemand die Marmeladengläser aufkriegen würde, dafür braucht meine Mama meinen Papa ziemlich oft, und Therese hört den ganzen Tag nur Mädchenmusik und manchmal tanzt sie dazu mit ihrer Freundin Franzi und das sieht aus wie im Fernsehen, außer dass die im Fernsehen dabei nicht umfallen, und jedenfalls bin ich manchmal in ihrem Zimmer,

wenn sie nicht da ist, und dann mache ich eine Kontrolle und stelle fest, dass sie Schokolade in ihrer Schublade hat, und ich muss sie aufessen, bevor Mama die findet und Therese Ärger bekommt, und ich sehe ihre Barbie-Puppen an und es ist ein Mann dabei, obwohl man gar keinen braucht, und er hat nicht einmal eine Kämpfer-Ausrüstung, sondern bloß einen Tennisschläger und man kann ihn nicht als außerirdisches Monster für mein Legospiel gebrauchen, weil er nur doof grinst, aber neulich habe ich noch was gefunden, nämlich ein Foto von einem Jungen und als Therese wieder da war, habe ich sie gefragt, wer das ist, und sie hat geschrien, das ginge mich gar nichts an, aber ich weiß Bescheid und habe die Mama gefragt, ob der Junge da Thereses Marmeladenglas aufschraubt, wenn sie groß sind, und sie hat gelacht und gesagt, das könnte gut sein, aber ich weiß nicht, warum Therese dafür jemand Fremdes braucht, ich kann das schließlich auch, wenn ich groß bin.

ICH BIN TÄTOWIERT

ALSO, ich habe jetzt ein Tattoo, mitten auf dem Bein, und meine Mama findet das gar nicht gut, hat sie gesagt, und ich fand das zuerst auch nicht so gut, aber jetzt finde ich es cool, und zwar kam das so, dass ich mich gestritten habe mit dem doofen Elias und der schielt und am Mittwoch kann er beide Sonntage sehen, das habe ich von meinem Papa, weil der das mal gesagt hat und ich habe es nicht richtig verstanden, aber der Elias hat das verstanden und er hat mir eine runtergehauen und das hat ganz schön wehgetan, aber es war nicht so schlimm, nur Frau Kördel hat das mitgekriegt und sie hat gefragt, was da jetzt schon wieder los ist und ob wir verrückt sind und mit so einer Einstellung bekommen wir nie ein Abitur und wir werden schon sehen, und Elias hat gesagt, dass ich ihn geärgert hätte, und das stimmt ja auch und dann habe ich gesagt, dass Elias mich gehauen hat, und das stimmte auch, aber Elias hat gesagt, er hätte mich gar nicht gehauen, und das stimmte eben nicht und da

habe ich ihn getreten und das hat mir auch leidgetan und dann hat
Frau Kördel gesagt, ich soll mich hinten hinsetzen und das habe ich auch
gemacht und in der Pause habe ich mich mit Elias vertragen und dann
haben wir wieder nebeneinander gesessen und dann war eigentlich alles
okay, jedenfalls bis Elias angefangen hat, seinen Bleistift
ganz superspitz anzuspitzen, weil er gesagt hat,
der Bleistift sei sein Indianerspeer und wenn
ihm jemand zu nahe kommt, dann sticht
er zu und dann habe ich ihn geschubst und
da hat er den Bleistift volle Möhre in mein
Bein reingestochen, durch die Hose
durch und als er den Bleistift wieder
rausgezogen hat, war die Spitze weg,
die steckte nämlich in meinem Bein und
ich habe geheult, weil das so wehtat, und
Frau Kördel ist mit uns zum Direktor und der hat
meine Mama angerufen und dann sind wir zum Arzt gefahren
und meine Mama hat geschimpft und hat gesagt, ich habe bestimmt
eine Bleivergiftung und wenn sie den Elias in die Finger kriegt,
dann setzt es was, aber der Doktor fand alles gar nicht so schlimm
und er hat gesagt, ich bin jetzt tätowiert und das stimmt auch,

weil auf meinem Bein ein kleiner Punkt ist, so richtig unter der Haut, und der geht nie mehr weg und heute hatten wir Turnen und da habe ich das allen gezeigt und die Mädchen fanden mein Tattoo ganz schön cool und deshalb bin ich gar nicht mehr böse auf den Elias, der hat das ja auch nicht mit Absicht gemacht.

LANGE, LANGE, LANGE

ALSO, manchmal, da langweile ich mich und ich weiß rein überhaupt gar nichts mit mir anzufangen und gehe durchs Haus und tue so, als sei ich schwer verwundet, und ich schleppe mich zur Mama und sie bügelt und sagt, na, mein Mäxchen, mopst du dich und ich sage, ja, ich langweile mich ganz schlimm, und ich frage sie, ob sie eine Idee für mich hat, was ich mal machen könnte, und sie sagt, was soll ich machen, auf dem Kopf stehen und lachen, und ich sage, ich kann keinen Kopfstand und sie schlägt mir was anderes vor, zum Beispiel mit Playmobil eine Schlacht machen – aber dazu habe ich keine Lust – oder mit Lego ein Raumschiff bauen – aber dazu habe ich keine Lust – oder etwas Schönes für die Mama malen oder für den Papa, dann freut er sich, wenn er nach Hause kommt – aber dazu habe ich keine Lust – oder nach draußen gehen oder den Tobi besuchen – aber dazu habe ich keine Lust – oder etwas basteln und sie hilft mir sogar dabei – aber dazu habe ich keine Lust – oder später mit ihr einen Kuchen backen – aber dazu habe ich keine Lust – oder die Therese fragen,

LANGEWEILE

 ob sie etwas mit mir spielt – aber dazu habe ich keine Lust – oder einfach mal mein Zimmer aufräumen – aber dazu habe ich doppelt keine Lust und dann sagt sie, tja, dann hätte sie auch keine Idee, und bügelt weiter und drückt auf die Dampftaste und es macht Tschschsch und alles ist sooooo langweilig und ich schleppe mich zu Ben, das ist unser Hund und er ist ein Mischling, sagt die Mama, aber der Papa sagt immer, das würde nicht stimmen und in Wahrheit sei der Ben ein isländischer Kraterwolfsmops, und meistens schläft der Ben und ich glaube, ihm ist auch schrecklich langweilig, und weil uns beiden gar nichts einfällt, was mir machen könnten, legen wir uns in den Sonnenstrahl ins Wohnzimmer und strecken die Beine von uns und schlafen ein, und wenn ich wieder aufwache, fällt mir sofort ein, was ich machen könnte, und ich kann euch nur sagen, wenn ihr euch langweilt, einfach schlafen und schwuppdiwupp ist die Langeweile weg.

BABYSITTER?
BRAUCHE ICH NICHT

ALSO neulich, da waren Mama und Papa nicht da und das machen sie manchmal, dass sie abends eingeladen sind, und Mama sagt vorher, das wird bestimmt wieder sterbenslangweilig und Papa sagt, da hätte er einmal frei und dann muss er sich das Gewäsch von diesem Dieter anhören und immer würden sie von dort hungrig nach Hause kommen und ob Mama noch ein paar Brote für den Heimweg schmieren könnte, und sie sagt, sie könnten ja Schlag Mitternacht gehen, und ich frage, warum sie überhaupt wegfahren, wenn bei diesem Dieter alles so doof sei, und Papa sagt dann, das frage er sich auch, und sie gehen, ohne dass ein Babysitter kommen muss, denn wir sind ja schon soooooo groß, hat Mama gesagt und Therese passt auf mich auf, denn sie ist schon elf und sie kann ja anrufen, wenn was ist, und wenn Mama das sagt, dann klingt das immer so, als würde sie eigentlich hoffen, dass etwas passiert, aber es passiert nie was, außer letzte Woche, da waren sie wieder weg und ich habe Hunger bekommen und Therese hat gesagt, okay, sie macht uns noch etwas zu essen und sie hat Penne-Nudeln gemacht, aber keine Sauce, weil sie keine kann und da habe ich vorgeschlagen, wir können ja eine Dose von dem Zeug aufmachen, wo der Hund drauf ist, und ich würde schon auch mal Hund probieren, weil ich im Urlaub ja Tintenfisch gegessen habe und das war auch nicht schlimm, aber Therese hat gesagt, dass das in der Dose nicht Hunde wären, sondern für Hunde, und dann hat sie vorgelesen, was da draufstand, nämlich: Mit Rind, Vitaminen und frischem Geflügel und ich fand, das sind alles gute Sachen, besonders die Vitamine und das Geflügel, das ist nämlich Hühnchen und das essen alle Kinder gerne und Therese hat gesagt, wenn sie's macht, dann muss ich es auch essen und sie nicht enttäuschen und sie hat die Dose aufgemacht und alles in die Pfanne geschüttet und es hat nicht besonders gut gerochen, das muss ich schon sagen, aber wir haben trotzdem was davon gegessen, aber ich war schnell satt und später sind wir ins Bett und als Mama und Papa nach Hause gekommen sind, da haben sie uns geweckt und gefragt, ob wir das wirklich gegessen hätten, und Papa hat gesagt, das dürften sie eigentlich niemandem erzählen, dass sie ausgingen und ihre Kinder zu Hause warmes Hundefutter essen müssten, und Mama hat gelacht, aber ich weiß nicht warum, denn irgendwo hat der Papa schon recht damit, oder?

FUSSBALL UND MÄDCHEN

ALSO, das mit dem Fußball ist ziemlich schwer, weil, wenn einer zu nahe am Torwart steht, dann ist Absalz, jedenfalls habe ich das gedacht und mein Papa hat gesagt, das heißt Abseits und nicht Absalz, aber ich sage trotzdem Absalz, weil das der Martin auch sagt und sein Papa ist Schiedsrichter in der Kreisliga und deshalb muss es der Martin ja wissen und überhaupt: der versteht eine Menge vom Fußball, der Martin, und er kann auch super spielen, jedenfalls besser als die Maureen und die anderen Mädchen und die mischen sich immer ein, wenn wir Fußball spielen, und man kann sie schubsen, aber sie wollen trotzdem mitspielen, obwohl Mädchen sowieso keinen Sport können, sagt der Martin und das stimmt, weil die Mädchen auch nicht werfen können, sie nehmen nämlich den Schlagball und holen aus und schmeißen ihn sich dann direkt vor die Füße, und meine Mutter hat gesagt, ich soll nicht so hochnäsig tun, weil Mädchen nämlich viel, viel klüger sind

33

und andere Sachen können und das mag ja sein, aber dann sollen
sie nicht immer versuchen, mit uns Fußball zu spielen, und jedenfalls
haben neulich die Mädchen in der Pause gesagt, dass sie gegen uns
spielen wollen, und da haben wir nur gelacht und die Maureen
hat versucht, mir gegen das Schienbein zu treten, aber sie hat mich
natürlich nicht getroffen und dann hat der Martin gesagt, na gut,
wir spielen bis fünf und die Mädchen kriegen vier Tore Vorsprung
und dann haben wir angefangen zu spielen und da sind wir auf
den ältesten Trick der Welt reingefallen, hat mein Vater jedenfalls
gesagt und der Trick geht so: Ein Mädchen lässt sich einfach

mittendrin fallen und tut so, als ob sie heult
und sich wehgetan hat und alle kommen
gelaufen und gucken, was passiert ist,
und wenn dann alle da sind, nimmt sich
eine den Ball und schießt ihn rein ins
leere Tor, und genau das haben die Mädchen

nämlich gemacht und Martin hat rumgebrüllt und jedenfalls sind
die raffiniert, die Frauen, das muss man ihnen lassen, und meine Mutter
hat gesagt, das soll uns eine Lehre sein und jetzt falle ich nicht mehr
auf die Mädchen rein und morgen gibt es eine Rache und Martin hat
schon gesagt, die putzen wir weg, aber ich bin da gar nicht so sicher.

KINO IST SUPER

ALSO, ich gehe supergerne ins Kino, weil da die Filme so schön laut sind und außerdem kann man in kleine Becken pinkeln, nicht so wie bei uns zu Hause, da gibt es drei Toiletten, aber man kann nicht einfach reinpinkeln, sondern man muss sich brav hinsetzen und es ist überhaupt nicht so cool wie im Kino, da haben sie nämlich so Becken an der Wand und da, wo man reinmacht, ist eine kleine Fliege draufgemalt und ich versuche immer, die Fliege zu treffen, und jedes Mal, wenn es heißt, wir gehen ins Kino, trinke ich sofort ganz viel, damit ich auf die Fliege pinkeln kann und das mache ich auch,

und zwar erst einmal vor dem Film, wenn wir gerade an der Kasse waren, und dann bekomme ich eine Limonade, die ich ganz schnell trinke, damit ich noch mal muss und das passiert dann auch, wenn wir sitzen, und da verpassen wir aber nichts, weil dann immer nur blöde Werbung kommt, und der Papa sagt zu mir, er geht mit und dann kommen wir zurück und der Film fängt an und nach ein paar Minuten muss ich schon wieder zur Fliege und der Papa kommt wieder mit und das wiederholt sich dann noch drei Mal und jedes Mal versuche ich, die Fliege irgendwie wegzupinkeln, aber das geht nicht, aber es wäre auch blöd, wenn sie abginge, denn dann würde es sich gar nicht mehr lohnen, ins Kino zu gehen, und das findet mein Papa auch, weil er gesagt hat, dass er nicht mehr ins Kino gehen würde mit mir, weil ich sowieso die Hälfte verpasse und da kann er genauso gut die DVD kaufen, weil man die anhalten kann, wenn man aufs Klo geht, aber da bin ich anderer Meinung, mir macht Kino einfach mehr Spaß.

ICH HABE VIEL ZU TUN

ALSO, wenn meine Mama und mein Papa wüssten, was ich alles so zu tun habe, dann würden sie nicht immer schimpfen, wenn ich meine Schulaufgaben nicht gemacht habe, da habe ich nämlich keine Zeit für, zum Beispiel gestern hätte ich sie ja eigentlich gemacht, aber dienstags muss ich mich beeilen, weil ich nur ganz wenig Zeit für das Mittagessen habe, denn ich muss schon um zwei beim Judo sein, das geht fast bis halb vier, mit umziehen, und danach muss ich zackzack wieder nach Hause, weil ich dienstags auch noch Klavier habe um vier, und meine Mutter hat

gesagt, das lässt sich nicht anders machen, weil mein Klavierlehrer nämlich sehr berühmt ist und wir könnten froh sein, dass er mich über- haupt genommen hat, und das auch nur, weil

38

mein Papa gesagt hat, er kenne den Opern-

direktor von Berlin, wo aber meine Mama

hinterher gesagt hat, das würde gar nicht

stimmen und der Papa hätte das dem Herrn Klokov

nur vorgeflunkert, damit er mich doch nimmt, obwohl er das eigentlich

nicht müsste, und das sagt er auch immer, wenn ich nicht übe, dann

sagt er nämlich: Ich muss das doch nicht machen hier, ich kann doch

auch nach Warschau gehen, und dann klopft er ganz komisch mit

dem Finger an seine Stirn und er riecht ein bisschen aus dem Mund,

der Herr Klokov, irgendwie nach Putzmittel, jedenfalls war ich gestern

zu spät und er war ein bisschen böse deshalb und wollte wieder nach

Warschau gehen und ich habe dann extra ganz schön für ihn gespielt

und er war zufrieden, der Herr Klokov, und hat mir ein Pfefferminz

geschenkt, obwohl er das lieber selber essen sollte, und dann war es auch

schon halb fünf und ich habe meine Noten eingepackt

und musste zur Oma, weil die gesagt hat,

ich kriege bei ihr nur Kuchen, wenn

ich nicht nach fünf klingele, weil dann

die Frau Schönlebe kommt und mit

ihr Eierlecker trinkt, und das habe ich

auch schon mal probiert, aber es hat

gar nicht lecker geschmeckt, und als ich kam, war die Frau Schönlebe schon da und meine Oma hat mir dann den Kuchen eingepackt und ich habe ihn in meine Notentasche getan, wo er ganz zerdrückt war, als ich zu Hause ankam, und Mama hat ein bisschen geschimpft, weil die Sahne zwischen die Noten gekommen ist und der Herr Klokov so etwas gar nicht gerne sieht und bestimmt eines Tages nach Warschau geht, wenn ich so weitermache, und Papa war aber gar nicht böse und hat mit mir die Simpsons angesehen, weil er sagt, das sei ein Menschenrecht, und ich finde, danach mit der Playstation zu spielen ist auch ein Menschenrecht, und dann gab es Abendessen und danach musste ich mit meiner Schwester streiten und die Fische füttern und nachsehen, was der Apfel unter meinem Bett macht, aber er macht gar nichts und liegt dort nur herum und dann war ich aber ganz schön müde und die Hausaufgaben habe ich leider vergessen, aber da kann ich nichts dafür, denn das liegt nur daran, dass ich so viel zu tun habe.

ICH KANN MICH SCHON SEHR GUT BENEHMEN

ALSO am Sonntag, da mussten wir uns ganz fein machen, die Therese und ich, und ich habe den blöden Anzug anziehen müssen, den ich nicht leiden kann und Therese hat ausgesehen wie eine Erwachsene und Mama hat gesagt, heute müssten wir ihr mal eine kleine Freude machen und uns ganz super benehmen, denn der Onkel Winfried, der hätte Geburtstag und es sei sein fünfzigster Geburtstag, und ich wusste gar nicht, dass Leute so alt werden können, obwohl die Oma ja sogar noch älter ist, die ist schon über sechzig oder so, aber sie ist ja auch eine Oma, da geht das und Mama hat gesagt, wenn wir uns gut benehmen, dann ist vielleicht bald doch das Skateboard da, aber da kann sie mir viel erzählen, weil wenn sie die Rechenprobe sieht, ist das Skateboard wieder ganz weit weg und so geht das immer und eines Tages kaufe ich es mir selber, wenn ich groß bin, und jedenfalls haben Therese und ich gesagt, dass wir uns ganz toll benehmen

beim Onkel Winfried, obwohl der immer so blöde Witze macht und ich kann ihn nicht so gut leiden und er hat keine Kinder und deshalb muss man sich seine Spielsachen selber mitbringen und nicht einmal das durften wir, weil es eben so eine richtige Feier war mit allem Drum und Dran und mein Papa hatte auch keine gute Laune und ich glaube, er hätte lieber mit mir Uno gespielt, und dann sind wir zu Onkel Winfried gefahren und da waren sehr viele Erwachsene, die meisten haben gerochen wie Putzmittel mit Zitronenduft und sie haben mir über den Kopf gestreichelt und Papa hat allen Leuten zugeprostet und dann hat er was gegessen und leise zur Mama gesagt, der Salat würde schmecken wie nasser Vogelsand, und das habe ich nicht verstanden und Mama hat gesagt, immer wäre er gegen ihren Bruder, und Papa hat noch was getrunken und sich mit einem dicken Mann unterhalten und dann haben sie sich auf die Couch gesetzt, aber da lag noch mein Teller mit Schokoladencreme und der dicke Mann hat sich mitten draufplumpsen lassen und war ein bisschen böse, aber Papa hat sehr gelacht und gesagt, braun stünde ihm sehr gut, und dann hat er Onkel Winfried gefragt, ob der noch etwas von der Bowle hätte, und

Mama hat ihn ganz komisch angeguckt und dann sind wir bald gefahren,
das war, nachdem Papa gesagt hat, dass Tante Hiltrud genauso aussähe
wie Onkel Winfried, mal abgesehen vom Bart und Onkel Winfried
hat geantwortet, dass er doch gar keinen Bart hätte, und Papa hat gesagt,
ja, genau, eben und er hat sich schlappgelacht und dann sind wir
nach Hause und Papa hat die ganze Fahrt über gelacht, aber Mama
war ziemlich sauer, ich glaube wegen der Sache mit dem Bart und
da muss ich sie noch mal fragen, weil ich das eigentlich nicht so richtig
verstanden habe.

MEIN PAPA MACHT QUATSCH

ALSO, seit gestern ist der Papa ganz toll gelaunt und ich weiß überhaupt nicht, warum er so gelacht hat, weil die Mama gar nicht gelacht hat, und heute Morgen hat sie immer noch nicht gelacht, aber der Papa hatte so gute Laune, dass er sogar eine Ehrenrunde vor unserer Schule gedreht hat und er hat dem Herrn Reuter, der unser Schuldirektor ist, fröhlich gewinkt, was er noch nie getan hat, denn eigentlich kann der Papa den Herrn Reuter nicht leiden und er hat mir gesagt, das müsste der Herr Reuter aber nicht wissen und deshalb soll ich es auf keinen Fall rumerzählen, und deswegen wundert mich das jedenfalls so, dass er ihn dann so fröhlich grüßt und auf jeden Fall hat die Sache gestern angefangen, da war nämlich Elternabend und mein Papa hatte keine Lust, da hinzugehen, und dann hat meine Mama gesagt, dass er da endlich mal mitgehen muss und dass die Braunschweigs und die Holtkötters auch immer zusammen gehen, nur sie müsste immer

alleine und das sei wieder einmal typisch für den Papa, und da ist er halt
mitgegangen, aber unter Protest, und nur weil da was ganz Wichtiges
war, die Schule soll nämlich einen neuen Namen kriegen, weil sie bisher
Städtische Grundschule heißt und Herr Reuter hat gesagt, das sei doch
viel zu schade und die Schule könnte doch einen schöneren Namen
haben, und deshalb wurden alle Eltern eingeladen und jeder sollte einen
Vorschlag machen und auf einen Zettel schreiben und Mama hat
mir erklärt, dass diese Zettel danach eingesammelt werden und in einen
Karton kommen und dann wird ein Name herausgezogen und peng,
der hat dann gewonnen und das sei eine ernste Angelegenheit
und man dürfe keinen Quatsch machen dabei, aber da hat der Papa
gesagt, da müsste er nicht mitgehen, weil er wüsste,
wie die Schule dann hinterher hieße, weil alle Leute
entweder Käthe-Kollwitz-Grundschule auf ihren
Zettel schreiben würden oder Geschwister-Scholl-
Grundschule, aber ich weiß nicht, wer das jetzt
alles ist, ist ja auch egal, auf jeden Fall hat
die Mama dann genauso geguckt
wie damals, wo ich zu viel von
dem Eierlikör auf dem Geburtstag
von der Oma getrunken habe

und dann sind die beiden gegangen und als sie wieder da waren,
da hat der Papa auf jeden Fall so irre gelacht und die Mama ist ganz
wütend gewesen und heute habe ich gehört, wie die Mama mit der
Frau Holtkötter telefoniert hat und sie hat sich dauernd entschuldigt,
weil der Zettel von meinem Papa gezogen worden ist und keiner
den Vorschlag vom Papa gut fand, außer Papa natürlich, und dann
hat sie noch gesagt, dass das Ganze ja irgendwie ihre Schuld sei,
weil sie den Papa mitgenommen hat und jetzt müsse man das ganze
wahrscheinlich noch mal machen, und ich finde aber, dass der
Name ganz gut klingt: Costa-Cordalis-Grundschule.

DER WURM

ALSO, die Sache mit dem Wurm war eigentlich eine Wette, weil der Tobi
von nebenan, das ist mein Freund, obwohl er ein Jahr älter ist und schon
in die Zweite geht, aber das ist egal, weil seine Mutter gesagt hat, dass
er ein Kindskopf ist, und jedenfalls spielen wir zusammen und einmal,
da haben wir einen großen Regenwurm gefunden und Tobi hat ihn in
die Hand genommen, wo sich der Wurm ganz lustig gekringelt hat, und
er war ziemlich dick (der Wurm, nicht der Tobi, obwohl der auch ganz
schön dick ist) und er hatte kleine Ringe und man konnte gar nicht
sehen, wo vorne und hinten ist, und der Tobi hat dann gesagt, er wettet,
dass ich den Wurm nicht essen würde,

und ich wusste nicht so genau,
was eine Wette ist, aber dann
fiel mir ein, dass mein
Papa schon mal eine
Wette gegen einen
Nagel verloren hat,

den er aus der Wand im Esszimmer
ziehen wollte, da hat er nämlich zu
dem Nagel gesagt: »Freundchen,
den Kampf verlierst du, so haben
wir nicht gewettet«, und er hat
ihn aber nicht rausbekommen
und hat ihn stattdessen ganz in die
Wand schlagen wollen und dabei
hat er sich auf den Finger gehauen und
rumgeschrien und jedenfalls hat der Nagel gewonnen, weil der immer
noch in der Wand steckt, und ich habe zu Tobi gesagt, dass ich den
Wurm schon essen würde, aber nur mit Ketchup, und Tobi hat von
zu Hause Ketchup besorgt, damit ich den Wurm essen kann und
ich habe das auch versucht, aber es war nicht einfach, weil der sich
ganz doll gekringelt hat, der Wurm, und ich brauchte ziemlich viel
Ketchup und wollte den Wurm einfach so runterschlucken, aber ich
habe dann doch aus Versehen reingebissen und der Wurm hat ein
bisschen so geschmeckt wie Kinderpilze, und die heißen eigentlich
Schampeljongs und sind ganz rutschig und erst weich und dann
ein bisschen fest, und dabei habe ich mich erschreckt und zack –
hatte ich den ganzen Regenwurm runtergeschluckt und Tobi hat das

erst nicht geglaubt und in meinem Mund nachgesehen, aber der Wurm war weg und ich habe die Wette gewonnen und das habe ich der Mama beim Ins-Bett-Gehen erzählt und sie hat sehr gestaunt und gefragt, was ich denn bekommen hätte, weil es ja eine Wette war, und ich habe das nicht verstanden und sie hat mir gesagt, dass man immer um etwas wetten muss, weil es sonst ja nichts bringt, das Wetten, und da muss ich noch mal den Tobi fragen, was ich da jetzt kriege, denn darüber haben wir noch gar nicht geredet.

WAS ICH MAL WERDEN WILL

ALSO ich glaube, dass ich von Beruf Bundeskanzler werden will, obwohl man ja dafür eine Frau sein muss, das habe ich im Fernsehen gesehen, da war eine Frau und sie haben gesagt, peng: das ist die Bundeskanzlerin und ich glaube aber, dass sie vielleicht auch einen Mann hat und der ist dann eben der Bundeskanzler, meine Mama hat ja schließlich auch einen Mann, ist ja auch egal jetzt, jedenfalls werde ich später mal Bundeskanzler und dann darf ich alles bestimmen, weil ich der Chef von Deutschland bin und als Erstes ziehe ich mit meiner Bundeskanzlerin in ein schönes Schloss und wir bekommen jeden Tag Frühstück ans Bett und dann kommt eine Schulklasse zu Besuch und singt mir ein Lied vor, aber ich habe dafür eigentlich keine Zeit und am Ende sage ich, das habt ihr toll gemacht und gebe ihnen schulfrei und streichle ihnen über den Kopf, obwohl ich weiß, dass die meisten Kinder das voll blöd finden mit dieser Kopfstreichelei,

und dann muss ich telefonieren und mit meinen Ministranten
schimpfen, weil die immer nicht machen, was ich will, und dann
bekomme ich Besuch von anderen Chefs aus anderen Ländern
und wir setzen uns in große Ledersessel und unterhalten uns über
unsere Untertanen und beklagen uns, weil unsere Länder viel zu
klein sind und ich würde mir zum Beispiel wünschen, dass Deutschland eine schöne große Sandwüste hat, aber ich glaube, da ist nichts
zu machen und meine Mama hat gesagt, dass man immer gerne hätte,
was überhaupt nicht geht und der Bundeskanzler von der Sahara
wünscht sich bestimmt, dass es dort mal schneit, und später am Tag
mache ich ein paar neue Gesetze, zum Beispiel gegen Armut und
ich finde es schon komisch, dass es das noch gar nicht gibt, und später
kommen meine Eltern zu Besuch, sie dürfen nämlich bei mir
fernsehen, weil ich einen supergroßen Fernseher habe
und sie nicht und mein Vater ist ganz stolz auf mich,
aber tja, dann geht es auch schon ins Bett und
morgen ist ein neuer Tag und jetzt muss ich nur
noch entscheiden, wer eigentlich bei mir
Bundeskanzlerin wird und das ist gar nicht so
einfach, weil Mädchen schon sehr doof sind,
in meinem Alter jedenfalls.

VITAMINE

ALSO, ich mag Vitamine, das sind so kleine Tierchen, die im
Gemüse sitzen und wenn man sie isst, dann wird man gesund und
das funktioniert ungefähr so: Der Vitamin wohnt im Salat oder
auch im Apfel drin und wartet darauf, dass jemand am Apfelbaum
vorbeikommt und sagt: So, lieber Apfel, genug rumgehangen,
jetzt bist du schön rot und der Max kann dich aufessen und dann
wird der Apfel mit dem Vitamin gepflückt und ich darf reinbeißen,
wenn ich ihn vorher gewaschen habe, und dann kaue ich drauf
rum und der Vitamin geht dabei nicht kaputt oder so, weil er ganz
klein ist, den kann man nicht zerbeißen und schwupps geht es
in meinen Bauch und da wohnen auch Bazillen, das sind Schädlinge
und sie wollen, dass ich krank bin, das sind üble Kerle, genau wie
die drei Jungen aus der 1c, die neulich die Mütze vom Fritz geklaut
haben und er hat geheult und sie haben die Mütze in den Baum
geworfen, das waren auch Bazillen, irgendwie, und deshalb ist es gut,
wenn der Vitamin im Bauch aufräumt und die Bazillen verkloppt,

man kann überhaupt nicht genug Vitamin haben, das hat mein Papa gesagt und der muss es ja wissen, weil er schon erwachsen ist und jedenfalls hat mein Papa neulich Abend beim Essen gesagt, dass der Herr Groselnig aus seiner Firma ein Depp sei und nur deshalb zum Vertriebsdings befördert worden ist, weil er so viel Vitamin B hätte, und da habe ich mir gedacht, okay, dann muss ich eben viel Gemüse essen, denn davon wird man Chef und muss in der Schule dafür nicht mehr so viel aufpassen und ich habe die Mama gefragt, ob noch was vom Gemüse da ist, und sie hat sich sehr darüber gefreut und gesagt, dass sie ganz begeistert wäre, wie toll ich schon esse, und das finde ich auch, aber lieber wäre mir schon, wenn die Vitamine in der Schokolade wären, da wären sie mir lieber als im Rosenkohl.

ICH KANN NICHT SCHLAFEN

ALSO, manchmal kann ich gar nicht einschlafen, das ist zum Beispiel, wenn der Tag so aufregend war oder vor Weihnachten oder meinem Geburtstag oder so und jedenfalls kann ich nicht schlafen und das ist schön blöd, denn für meinen Papa und meine Mama ist es total wichtig, dass ich einschlafe, warum, weiß ich eigentlich nicht, aber es ist eben so, und deshalb gebe ich mir auch meistens Mühe mit dem Einschlafen und meine Mama bringt mich ins Bett und dann liest sie mir vor und singt »Guten Abend, gute Nacht« aber da gibt es eine Stelle, die ich nicht verstehe, nämlich »Morgen früh, wenn Gott will, wirst du wieder geweckt« und ich denke dann, was ist, wenn Gott morgen früh nicht will, werde ich dann nie mehr wach und da wäre es doch besser, wenn ich gar nicht erst schlafe, und dann muss ich wieder darüber nachdenken und ich höre Mama und Papa im Wohnzimmer reden und dann muss ich aufs Klo, obwohl, so dringend ist es gar nicht, und im Flur treffe ich

Papa und er fragt, warum ich nicht schlafe, und ich sage, dass ich nicht kann, und das stimmt ja auch und er geht mit in mein Zimmer und bringt mich noch einmal ins Bett und liest was ganz Kurzes vor und singt das Paulchen-Panther-Lied, weil er keine anderen Lieder kann, aber er singt es immer falsch, nämlich nicht »Paulchen, Paulchen, mach' doch weiter«, sondern »Mäxchen, Mäxchen, mach doch weiter« und dann schimpfe ich, weil er es falsch singt, und ich sage, dass ich mir Sorgen mache, weil Gott mich nur vielleicht wieder weckt, und er gibt mir ein Küsschen und sagt, dass der liebe Gott mich ganz bestimmt weckt und dass eben nur die Frage ist, ob er mich ganz früh weckt oder etwas später und das ist damit gemeint in dem Lied und man könnte auch singen »Morgen früh, sobald der liebe Gott will«, aber das klingt eben nicht so gut und Papa sagt, dass er hofft, dass der liebe Gott mich morgen ein bisschen später weckt, weil da nämlich Sonntag ist, und da wollen Mama und Papa lange schlafen, aber das kann ich ihnen nicht versprechen, denn morgen früh, wenn ich will, werden sie wieder geweckt.

FRIDOLIN

ALSO, die Sache mit Fridolin hat so angefangen, dass wir draußen
gegessen haben und da ist mir der Löffel runtergefallen, boing auf den
Steinboden und die Mama hat gesagt, das ist nicht so schlimm, heb ihn
einfach auf und ich bin unter den Tisch, um den Löffel zu suchen, und
dabei habe ich Fridolin getroffen, der ist eine Ameise und superklein,
aber ziemlich stark, denn er hat einen riesigen Krümel über die Terrasse
geschleppt, der war mindestens dreimal so groß wie der Fridolin und
er hat sich damit abgerackert und ich dachte, der ist aber ganz schön
stark, und bin bei ihm geblieben und habe mein Essen nicht aufgegessen,

weil, wenn ich mein Essen gegessen hätte,
dann hätte ich den Fridolin ja aus
den Augen lassen müssen und das
wollte ich nicht und ich habe

Fridolin also beobachtet, wie er den Krümel getragen hat und immer, wenn ihm ein Kollege begegnet ist, hat es so ausgesehen, also ob sie sich unterhalten, aber ich glaube, Ameisen können nicht reden oder nur ganz leise, ich habe jedenfalls kein Wort verstanden und irgendwann musste ich aufs Klo und ich wollte aber nicht, dass der Fridolin abhaut

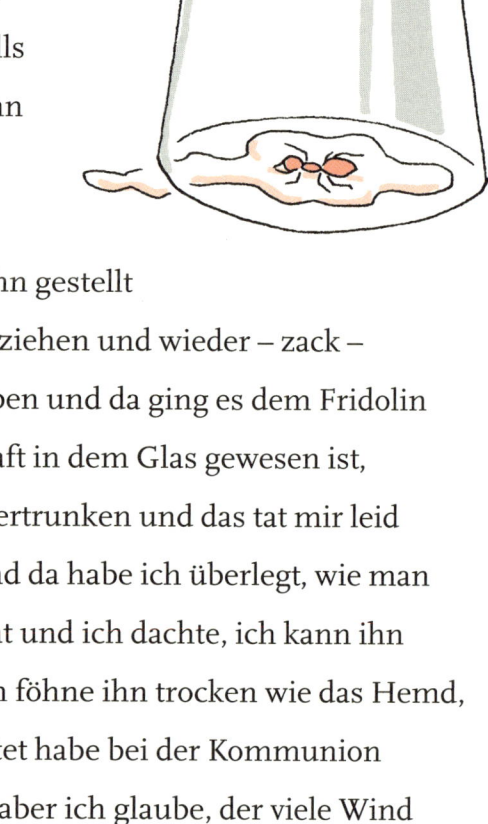

und da habe ich mein Saftglas über ihn gestellt und bin wie der Blitz aufs Klo und abziehen und wieder – zack – zurück und habe das Glas hochgehoben und da ging es dem Fridolin nicht mehr so gut, weil noch etwas Saft in dem Glas gewesen ist, und da ist er beinahe in einer Pfütze ertrunken und das tat mir leid und er war sicher ziemlich klebrig und da habe ich überlegt, wie man den Fridolin wieder trocken bekommt und ich dachte, ich kann ihn mit ins Badezimmer nehmen und ich föhne ihn trocken wie das Hemd, wo ich mal Limonade drübergeschüttet habe bei der Kommunion von meiner blöden Cousine Patrizia, aber ich glaube, der viele Wind hätte dem Fridolin nicht gefallen, also habe ich eine Serviette vom Tisch geholt und wollte ihn abtrocknen, aber ich glaube, der Föhn wäre am Ende besser gewesen, jedenfalls hat sich der Fridolin gar nicht mehr bewegt, weil ich ihn zerdrückt habe, und das tat mir leid und meine Mama musste mich trösten und sie hat gesagt, Fridolin ist zwar jetzt tot, aber seine Freunde denken bestimmt gerne an ihn, weil er so ein fleißiger kleiner Ameisenmann war, aber ich bin nicht so sicher, ob sie wirklich um den Fridolin getrauert haben, denn als ich wieder auf dem Boden nach dem Krümel geguckt habe, da hat ein Kumpel vom Fridolin den Krümel geschnappt und ist damit irre schnell abgehauen und ich glaube, der Krümel war ihm viel wichtiger als der Fridolin.

PAPA UND ICH HABEN STREIT

ALSO manchmal, da möchte ich am liebsten tot sein, und es ist ganz schlimm, weil ich so traurig bin und alle sind gegen mich und dabei habe ich nichts gemacht, oder es war gar nicht so schlimm, zum Beispiel wo ich den Kleber in den Rasenmäher geschmiert habe und das habe ich nur gemacht, weil mein Papa gesagt hat, das Ding müsste mal geschmiert werden, und dann ist er weggefahren in den Baumarkt und da habe ich eine große Dose genommen und da war schmieriges Zeug drin und ich habe es über den Rasenmäher gegossen, damit der geschmiert wird und es sah aus wie Honig, aber es hat nicht so gut gerochen wie Honig und ich mag Honig gerne, obwohl Tobi gesagt hat, dass Honig eigentlich nur Bienenkacka sei, und das ist mir egal, weil ich finde, dass es nichts Besseres gibt als einen Toast mit Butter und Honig und Tobi spinnt, und jedenfalls habe ich die ganze Dose in den Rasenmäher gegossen und dann bin ich in die Küche gegangen und habe einen Honigtoast gegessen und dann habe ich Bumbum und Patrick gefüttert, das sind meine Fische, und ich habe eine CD angehört und dann habe ich den Papa schreien gehört und bin in den Garten gelaufen und da hat der Papa vor dem Rasenmäher gestanden und hat immer wieder das Wort gerufen, dass ich nie sagen darf, auch wenn mir das Honig-brot auf die Honigseite runterfällt und ihr könnt euch schon denken, welches Wort ich meine, und ich habe gesagt, dass ich nur helfen wollte mit der Schmiere, und da hat er schlimm geschimpft und hat gesagt, dass sei Zweikopentenkleber oder so was und nun könne

er sich einen neuen Rasenmäher
kaufen und immer sei es
dasselbe mit mir und wer mir
diesen Unsinn erlaubt hätte,
und da bin ich in mein Zimmer
gelaufen und habe mich
unter das Bett gequetscht
und gedacht, das wird ihm
noch leidtun, dem Papa,
wenn ich erst einmal tot bin
und alle haben schwarze

Sachen an und stehen an meinem Grab, sogar der blöde Onkel Winfried,
und sie weinen schrecklich und meine Mama sagt zu
Papa, so, daran bist du schuld, unser armer,
armer Max, und ich sehe vom Himmel aus zu
und dann können sie mal sehen, was sie
ohne mich anfangen, und da ist mein Papa
gekommen und wollte mich trösten und da
habe ich gesagt, dass ich lieber sterbe als
rauszukommen, und er hat gesagt, dass er
so dringend jemanden bräuchte, der ihm

Zweikopentendings in den Rasenmäher gießt und dass er ohne mich nicht leben könne und da bin ich wieder rauskommen und wir haben uns vertragen und da wollte ich nicht mehr tot sein, das ist ja auch sicher langweilig, auf die Dauer.

ICH HABE EINE BRILLE BEKOMMEN

ALSO, die Sache mit der Brille hat so angefangen, dass ich immer bei Vincent abgeschrieben habe, weil ich nicht lesen konnte, was die Frau Kördel an die Tafel geschrieben hat, das ist unsere Lehrerin und wir mögen sie alle sehr, obwohl sie manchmal komisch riecht, besonders nach der vierten Stunde, und ich konnte ihre Schrift nicht lesen und sie hat gemerkt, dass ich immer bei Vincent geguckt habe und da hat sie nachmittags bei uns zu Hause angerufen und ich habe meine Mama immer sagen hören, ach ja, wirklich, na gut, dann müssen wir vielleicht mal zum Augenarzt, und da habe ich mich ganz schön gegruselt, weil der Tobi, mein Freund von nebenan, der hat gesagt, der Augenarzt holt das ganze Auge raus aus dem Kopf und wirft damit herum und dann macht er Medizin dran und setzt es einem wieder in den Kopf, aber das hat überhaupt nicht gestimmt, ich habe den Arzt selber gefragt und er hat gesagt, ich

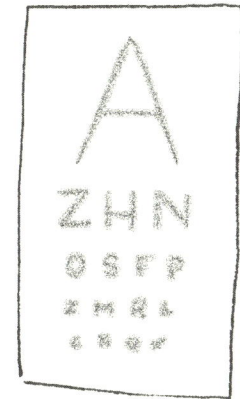

müsse nur mal alle Buchstaben vorlesen von der Tafel, aber das war

gar nicht so einfach, weil ich noch gar nicht alle Buchstaben kenne,

und am Ende hat er gesagt, so, mein kleiner Freund, da kommen wir

um eine Brille nicht herum und ich habe das nicht schlimm gefunden,

weil mein Papa mal gesagt hat, dass Leute mit Brille schlauer wären

und er trägt auch eine, nur habe ich ihm das nicht so richtig geglaubt,

weil er die Gartenliege nie ausgeklappt bekommt und dann wirft er

sie durch die Gegend und Mama muss das machen und sie hat keine

Brille und bei ihr klappt das ganz schnell, und jedenfalls sind wir gleich

zum Optiker und haben eine Brille ausgesucht und sie ist echt super,

die Brille, ganz leicht und rot und ich kann sie mir ins Haar schieben wie

eine Sonnenbrille und dann sehe ich so aus, wie die Männer am Strand

in Italien, die der Mama immer so zugelächelt haben,
und der Papa hat ganz komisch geguckt, wie damals,
als der Herr Neugebauer von gegenüber mit seiner Schub-
karre gegen Papas Auto gefahren ist, und heute nach der
Schule haben wir die Brille jedenfalls abgeholt und
ich habe sie aufgesetzt und plötzlich habe ich
alles ganz superscharf gesehen, die Blätter
und die Autos und die Leute auf der Straße,
die waren nur ein bisschen kleiner als vorher,
aber superscharf, und der Optiker hat gesagt, dass ich
ganz vorsichtig sein muss mit der Brille und ich darf
mich nicht prügeln, wenn ich sie aufhabe, und beim Fußball müsste ich
sie auch ausziehen, damit kein Ball dagegen fliegt, weil das ganz blöd
ist und die Brille fliegt weg und boing landet sie im Dreck und dann
trampelt einer drüber und zack ist sie kaputt
und das kostet alles Geld, und jetzt ratet mal,
wer schon den ganzen Tag super
aufgepasst hat auf seine neue Brille:
Ich, der Max.

DER ALLERERSTE SCHNEE

ALSO, heute Morgen bin ich aufgewacht und draußen hat es geschneit und ich habe aus dem Fenster geguckt und mich gefreut, weil ich den Schnee gerne mag, jedenfalls meistens, außer ich bekomme ihn in den Kragen oder falle mit dem Gesicht rein, und mein Papa hat in der Küche gestanden und gesagt, es sei noch viel zu früh für Schnee und alle Idioten würden jetzt trotzdem mit dem Auto zur Arbeit fahren, dabei sei es viel zu rutschig, und dann ist er mit seinem Auto in die Arbeit gefahren und Mama hat meine dicke Jacke rausgeholt und ich bin wie ein Irrer nach draußen gerannt und habe eine Schneeflocke gefangen, weil ich sie unter mein Mikroskop legen wollte, aber das hat nicht so richtig geklappt, weil die Schneeflocken sofort verschwinden, wenn man sie gefangen hat, und man kann

sie sich gar nicht angucken, obwohl mein Papa gesagt hat, dass sie ganz toll aussehen, aber da bin ich mir nicht so sicher, denn woher will er das denn wissen, wenn die sofort schmelzen, und da habe ich mir überlegt, dass ich welche im Kühlschrank einfrieren sollte, um sie nach der Schule zu untersuchen, da kann ich nämlich das Mikroskop in die Küche stellen und die Schneeflocken haben es nicht so weit bis zur Untersuchung, ich hole sie einfach schwupp raus und lege sie zack drunter und deshalb habe ich einen großen Schneeball gemacht und den habe ich ins Eisfach gelegt, was eine gute Idee war, denn da war auch noch ein Erdbeereis drin und das musste ich aufessen, weil ich ja den Platz für den Schnee gebraucht habe, und überhaupt war das schlau von mir, den Schnee einzufrieren, weil am Nachmittag der Schnee im Garten schon wieder weg war und ich hatte aber noch meinen Schnee im Kühlschrank und ich habe versucht, ihn unters Mikroskop zu legen, wo er aber sofort geschmolzen ist, und am Ende haben wir eigentlich nichts gehabt vom ersten Schnee, außer der Papa, der hatte eine Beule im Auto, als er von der Arbeit gekommen ist, und er hatte schlechte Laune, aber ich finde, da kann der Winter nichts dafür, weil der ja noch gar nicht richtig angefangen hat.

SANKT MARTIN

ALSO, was ich echt gerne mag im Winter, das ist die Sache mit Sankt
Martin, obwohl meine Mama gesagt hat, dass der Sankt Martin eigentlich
nichts mit dem Winter zu tun hat, sondern mit dem Herbst, aber diesmal
war es schon Winter, weil es nämlich geschneit hat an Sankt Martin
und es war superkalt, und zum Glück hatten wir unsere Martinslaternen
dabei und mir ist das Kerzenwachs auf die Finger getropft und erst
wollte ich ein bisschen brüllen, aber dann hat es sich gar nicht gelohnt
weil es nur ganz kurz wehgetan hat, und an der Schule haben sie ein
großes Feuer angezündet und dann kam der Sankt Martin auf seinem
Pferd angeritten und alle haben gesungen und es hat mir gut gefallen,
aber dem Pferd vom Sankt Martin hat es nicht so gut gefallen, weil es
die ganze Zeit den Kopf geschüttelt und gekackt hat, genau wie ich beim
siebzigsten Geburtstag von Opa Heinz, da haben sie auch gesungen

und ich hatte dann Durchfall und das war blöd und meine Mama
hat gesagt, dass es nichts mit dem Singen zu tun hatte, sondern mit
dem Pflaumenkuchen, von dem ich sieben Stück gegessen habe,
und jedenfalls hat das Pferd vom Sankt Martin bestimmt keinen
Pflaumenkuchen gegessen und das ist der Beweis, dass es doch am
Singen gelegen hat, und plumps hat es jedenfalls ganz große Äpfel
gemacht und danach sind wir von Haustür zu Haustür gegangen
und wir haben geklingelt und gesungen und ich habe gedacht,

vielleicht bekommen die Leute davon Durchfall, aber ich glaube,
die meisten fanden es ganz gut, weil sie uns Süßigkeiten geschenkt
haben, außer an der einen Tür, da kam ein alter Mann raus und
er hat geschimpft, dass wir ihn in Ruhe lassen sollen und er kann
die Bettelei nicht ausstehen und da hat die Constanze angefangen zu
heulen, weil sie sich so erschreckt hat, und mein Vater ist gekommen
und hat mit dem Mann geschimpft und der hat gesagt, er sei Artist
oder so was Ähnliches und er würde nicht an diesen christlichen
Kram glauben, und Papa hat gesagt, dass man auch als Artist ein
bisschen netter zu Kindern sein könnte, die einem was vorsingen,
und da hatte mein Papa recht, finde ich und schließlich hat der Mann
uns die Türe vor der Nase zugehauen, aber vielleicht musste er ja
auch nur ganz dringend aufs Klo, das weiß ich nicht, die Erwachsenen
reden ja nicht so gerne übers Aufs-Klo-Gehen.

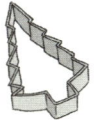

WIR BACKEN

ALSO, eins finde ich komisch am Winter, nämlich dass dann die ganze Zeit gebacken wird und im Sommer wird fast gar nichts gebacken, jedenfalls keine Plätzchen und es gibt auch keinen Kinderpunsch, und das nur, weil der warm ist, dabei würde ich den auch kalt trinken mit Eiswürfeln, aber Mama sagt, das ist ein Wintergetränk und Weihnachtsmarkt ist auch nur im Winter und das finde ich aber okay, weil wenn kein Weihnachten ist, dann braucht niemand Geschenke und dann sind die Leute vom Weihnachtsmarkt ja aufgeschmissen mit ihren ganzen Sachen, wenn die keiner kaufen will, und was ich eigentlich erzählen

wollte, war ja die Sache mit dem Backen und das machen wir immer, wenn die Adventszeit anfängt, und das ist genau dann, wenn meine Mutter einen riesigen Kranz kauft und vier dicke Kerzen und das ganze Theater losgeht, weil Mama und Papa anfangen davon zu reden, dass wir ihnen

73

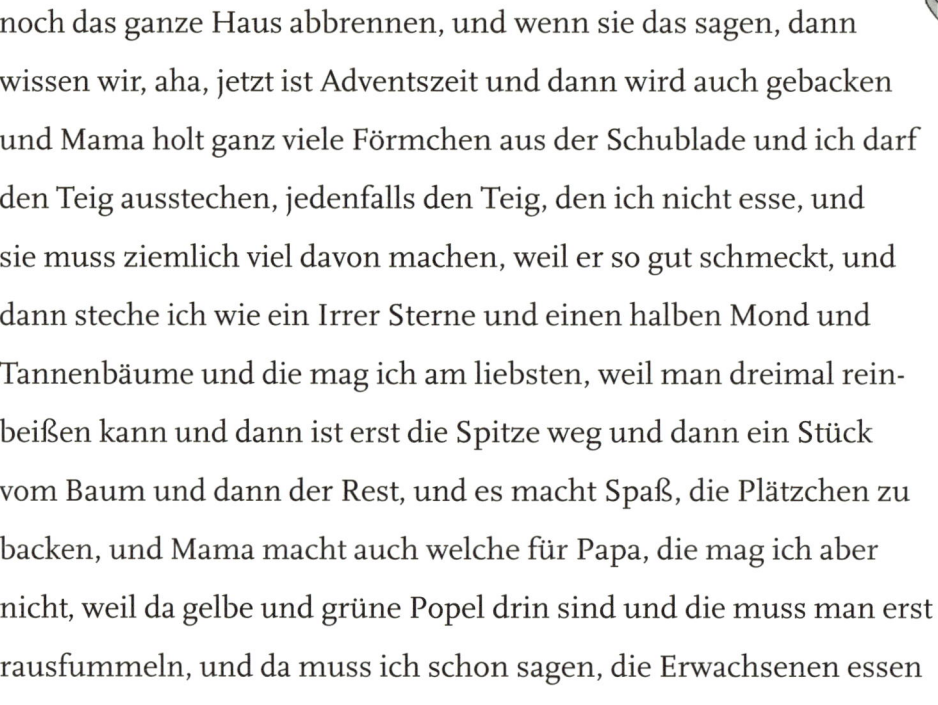

noch das ganze Haus abbrennen, und wenn sie das sagen, dann
wissen wir, aha, jetzt ist Adventszeit und dann wird auch gebacken
und Mama holt ganz viele Förmchen aus der Schublade und ich darf
den Teig ausstechen, jedenfalls den Teig, den ich nicht esse, und
sie muss ziemlich viel davon machen, weil er so gut schmeckt, und
dann steche ich wie ein Irrer Sterne und einen halben Mond und
Tannenbäume und die mag ich am liebsten, weil man dreimal reinbeißen kann und dann ist erst die Spitze weg und dann ein Stück
vom Baum und dann der Rest, und es macht Spaß, die Plätzchen zu
backen, und Mama macht auch welche für Papa, die mag ich aber
nicht, weil da gelbe und grüne Popel drin sind und die muss man erst
rausfummeln, und da muss ich schon sagen, die Erwachsenen essen
ziemlich eklige Dinge, und da kann
man nur hoffen, dass man später
nicht so wird wie die, und wenn
ich groß bin, dann backe ich
auch im Sommer und nehme
meine Tannenbaumkekse
mit an den Strand nach
Spanien und dann werden
die aber Augen machen da.

DER  WUNSCHZETTEL

ALSO, für mich beginnt die Weihnachtszeit eigentlich genau dann, wenn meine Mama die Adventskalender macht, weil ich dann weiß, dass es nur noch soundso viele Tage sind bis Heiligabend, und mein Papa hat gesagt, wir sollten das mit dem Adventskalender lieber lassen, weil die Kinder (also das sind wir, meine Schwester Therese und ich) dann überhaupt nicht mehr zur Ruhe kommen von der ganzen Aufregung und bis Weihnachten seien wir unerträglich und so, dabei stimmt das gar nicht, weil wir gar nicht unerträglich sind, sondern die Weihnachtszeit ist unerträglich und da kann ich überhaupt nichts dafür und es wird schon spannend, wenn der Adventskalender im Flur hängt und es stehen Zahlen drauf und meine Mama hat ihn selber gebastelt, er ist aus Pappe und hat kleine Schubläden, aber die vom 18. ist ein bisschen kaputt, weil ich letztes Jahr draufgetreten bin, und jetzt ist der 18. immer der Tag mit der kaputten Schublade, aber das hat auch sein Gutes, denn danach sind es nur noch sechsmal Schlafen und das kann man sich gut merken, weil eben die Schublade kaputt ist, und Papa hat gemeckert, weil er keinen Adventskalender bekommt, und ich weiß nicht genau, ob er da Spaß gemacht hat, weil er nämlich dann doch einen bekommen hat, und zwar von seinem Büro, und er holt jeden Tag Schokolade raus und gibt uns nichts ab, weil wir selber einen Kalender hätten und das sei seiner, und da muss ich schon sagen, manchmal sind die Erwachsenen wie kleine Kinder und heute Morgen habe ich jedenfalls meinen Wunschzettel für Weihnachten geschrieben und es war ziemlich viel Arbeit und weil ich noch nicht so gut schreiben kann, habe ich einfach alles ausgeschnitten aus der Geschenkezeitung und meine Mama hat gesagt, es sei ein bisschen viel, nämlich eine Ritterburg und eine Weltraumstation und vor allen Dingen ist ein Hase drin, weil ich unbedingt einen brauche als Freund und weil Hasen nicht bellen und sehr weich sind, und dazu ein Skateboard und ein paar Spiele für den Gameboy und ein Hochbett und vier oder fünf CDs und ein Buch

über den Weltraum und eine Hängematte und einen riesigen Kaktus
oder eine Fleisch fressende Pflanze und unbedingt ein ferngesteuertes
Auto mit Riesenrädern und Kristalle zum Selberzüchten und einen
Zauberkoffer und einen Fernseher und ein eigenes Telefon und ein
Skelett, aber ein besonderes Skelett, das nämlich im Dunkeln leuchten
kann, damit sich Mama und Papa erschrecken, wenn sie abends aus
dem Kino kommen und gucken, ob ich schon schlafe, aber der Hase
ist das Allerwichtigste und Mama hat gesagt,
das sei viel zu viel und außerdem müsse
man bescheiden sein im Leben und
nicht immer so übertreiben und ich
weiß überhaupt nicht, was sie da hat,
weil das alles total dringend nötige
Wünsche sind und außerdem ist nur
einmal im Jahr Weihnachten, das sagt
mein Papa immer, wenn er den
Rotwein aufmacht am
Weihnachtstag und
ich finde, wo er
recht hat, da hat er
recht, mein Papa.

DER NIKOLAUS WAR BEI UNS

ALSO, gestern hat meine Mama gesagt, dass der Nikolaus zu uns nach Hause kommt, und das hat mir sehr gut gefallen, weil er nämlich letztes Jahr beim Anton war und wir haben mit zwölf Kindern bei Anton im Wohnzimmer gesessen und wir durften nicht krümeln und die Mama vom Anton hat die ganze Zeit gesagt, wenn wir auf dem Sofa toben, dann kommt der Nikolaus nicht und dann ist er aber doch gekommen und ich weiß auch warum, weil er nämlich ein alter Mann ist und er hat kein Auto, sondern einen Schlitten, und ein Handy hat er auch nicht, und deshalb kann man ihn nicht anrufen und zu ihm sagen: »So, lieber Nikolaus, komm bitte doch nicht, die Kinder toben auf dem Sofa rum« und außerdem hat er da schon an der Tür geklopft und ich habe dem Vincent ein Sofakissen über die Birne gezogen und er ist auf den kleinen Tisch gefallen, wo die Plätzchen draufgestanden, und es hat ganz irre gekrümelt, als die Plätzchen durchs Wohnzimmer geflogen sind, und

Antons Mama hat geguckt wie der Papa, als er einmal ein Gurkenglas
aufgemacht hat und das war von 1986 oder so, und jedenfalls wollte
ich ja erzählen, dass der Nikolaus heute also nicht mehr bei Antons zu
Hause war, sondern bei uns und ich glaube, dass ist wegen Antons
Mutter, und bei uns durften wir krümeln, weil meine Mama die tollste
Mama der Welt ist, und dann hat es geklopft und sie hat gesagt, wir sollen
ganz still sein und das waren wir auch, außer Vincent, der hat sich ans
Herz gegriffen und gesagt, dass er gleich stirbt, und ich habe überlegt,
ob ich ihm eins mit dem Sofakissen verpassen soll, zur Beruhigung,
aber dann ist die Tür aufgegangen und der Nikolaus ist reingekommen

und er hatte einen roten Mantel und einen weißen Bart und eine ganz
doofe Brille und dieselben Schuhe wie mein Papa, aber einen dicken
Bauch, und dann hat er sich hingesetzt und gebrummt, dass es draußen
sehr kalt ist und dass er immer so viel zu tun hat und dass er bald weiter-
müsste, und dann sollten wir was singen, richtig alle zusammen und
das haben wir vorher nicht gewusst und dann hat halt jeder was Eigenes
gesungen, und zwar ganz durcheinander, und der Nikolaus hat sich
die Ohren zugehalten und gerufen, dass sofort Schluss sein soll, sonst
gibt es keine Geschenke und dann hat er sie rausgeholt, die Geschenke,
und jeder musste nach vorne kommen und er hat solche Sachen gesagt
wie: »Hohohoo, du kleiner Wicht, vergiss stets das Aufräumen nicht«
und so was und er hatte keinen Hasen für mich dabei, weil es Hasen erst
zu Weihnachten gibt, und dann habe ich gesehen, dass ihm der Mantel
ein bisschen vorne aufgegangen ist und da war ein großes Kissen
drin und der Bauch war gar nicht echt, und als ich dran war, habe ich
ihn gefragt, ob er mein Papa ist, und er war total sauer und hat ganz
böse gesagt, dass der Nikolaus keine Kinder hätte und dass er Singel
oder so was ist und dass es sehr schwer für einen Mann in seinem Alter
ist, eine nette Frau zu finden, und dass ich nicht auf seinen Gefühlen
rumtrampeln soll und so, und dann ist er auch schon abgehauen und da
hat er mir leidgetan, der arme Nikolaus, und kaum war er weg, da kam

mein Papa rein von der Arbeit und er hat gesagt, er hätte einen alten Mann auf der Straße gesehen und ob das der Niklaus gewesen wäre, und später hat er mich ins Bett gebracht und ich musste ihm vom Nikolaus erzählen und das habe ich auch gemacht und dann hat er mich zugedeckt und ich war ganz schön müde und beim Zudecken habe ich auf seinen Ring geguckt und da habe ich noch gedacht, dass der Nikolaus ganz genau auch so einen Ring hatte, und ich muss noch mal mit Papa darüber reden, glaube ich.

ICH BIN
EIN EISBLITZ

ALSO, heute Nacht hat es endlich so richtig gefroren, das hat mir heute
Morgen gleich gut gefallen, weil ich aus der Tür raus bin wie ein Blitz,
und meine Mama fragt mich ganz oft, ob ich nicht langsam gehen kann,
aber das geht eben nicht – ich kann nur flitzen und heute habe ich
die Tür aufgemacht und wollte zur Schule rasen und da bin ich gleich
hingeflogen und auf dem Bauch ein Stück gerutscht, aber es hat
nicht wehgetan und dann bin ich in die Schule geschlittert wie eine
Eisschnelllauftype, immer Anlauf nehmen und ein Stück rutschen
und wieder Anlauf nehmen, und ich habe Fritz
abgeholt, der ist mein bester Freund
und wir haben uns gefreut, weil
man auf dem Eis nicht nur
rutschen kann, man kann es
sogar essen und es schmeckt

nach nichts, aber es sieht super aus, und wir haben ganz große Eiszapfen
abgebrochen, die hingen beim Fritz am Haus und dann haben wir
»Fluch der Karibik« gespielt und wollten fechten, aber die Dinger sind
gleich abgebrochen und da kann man nichts machen, das ist so, als
ob man ein Schwert aus Glas hat, und dann hatte ich eine super Idee,
und zwar habe ich das Pausenbrot aus meiner Dose rausgeholt und
das Brot in den Schulranzen gesteckt und ich habe die offene Dose auf
die Straße gelegt und meinen Fuß reingestellt und mit dem anderen
Fuß habe ich Schwung geholt wie beim Skateboardfahren und dann bin
ich mit der Dose über den Gehweg gesaust und ich habe einen Affen-
zahn draufgekriegt und das war erst nicht schlecht, aber dann doch,
weil ich nicht mehr bremsen konnte, und ich bin gegen die Mülltonne

von den Sauerleins gefahren und die Mülltonne ist umgefallen und

man konnte sehen, was es bei den Sauerleins zu essen gibt, und sie

kaufen ganz viel Pizza zum Auftauen und meine Mama mag das nicht

besonders, aber ich würde ganz gerne mal bei den Sauerleins Mittag-

essen, wenn sie nicht mehr böse sind, das waren sie nämlich ziemlich

und Frau Sauerlein ist nach draußen gekommen und hat geschimpft

und dabei ist sie ausgerutscht und hat sich auf den Hosenboden gesetzt,

noch bevor ich sie warnen konnte, denn es ist wirklich sehr glatt bei

uns im Moment gerade.

EIN ALIEN VON KASTANIAN 3

ALSO, gestern haben wir in der Schule gebastelt und das kann ich aber nicht besonders gut und bei mir werden das keine Kastanienmännchen, sondern immer nur Kastanienhunde oder Kastanienhasen, weil die nicht umfallen, denn ich mache ihnen vier Beine und nicht zwei und eigentlich wäre das für uns richtige Menschen auch ganz praktisch, obwohl wir dann ja immer noch zusätzlich zwei Arme brauchen würden, weil man sonst kein Eis essen kann, und ich würde schon etwas seltsam aussehen, wenn ich vier Beine und zwei Arme hätte, ungefähr wie ein Alien und ich habe also dem Kastanienhund noch zwei Arme gemacht und gesagt, dass es ein Kastanienalien sei, und unsere Lehrerin, die Frau Kördel – die ist unheimlich hübsch, die Frau Kördel und mein Papa hat das auch gesagt, aber meine Mama findet sie nicht so besonders, und jedenfalls hat die Frau Kördel mich gefragt, von welchem Planeten mein Alien kommt, und ich habe gesagt, es kommt von Kastanian 3 und das ist so weit weg, dass man sechs Trillionen Tage braucht, bis man dort ist, und alle Lebensmittel im Raumschiff werden schlecht und deshalb fliegt niemand hin, aber die Kastanianer haben nie Hunger und eine Menge Zeit, und weil ihr Planet so langweilig ist, kommen sie uns besuchen, und Frau Kördel hat gesagt, dass ich vielleicht noch das Raumschiff basteln müsste oder ein Haus, wo die Aliens wohnen können, und ich habe auch damit angefangen, aber dann hat mich der Fritz dauernd abgelenkt, denn er hat kleine Papierkugeln auf die Mädchen geschossen und das war lustig, weil er die Constanze am Ohr getroffen hat, und die hat geguckt wie mein Papa, als er an den Weidezaun gelangt hat, weil er meinen Frisbee von der Wiese holen wollte,

und auf der Weide waren Kühe und am Zaun war Strom, aber in der Papierkugel war kein Strom, nur Spucke vom Fritz und die Constanze hat ganz komisch rumgeheult und der Fritz und ich haben uns kaputtgelacht und da hat die Frau Kördel gesagt, dass wir keine Kavalleriere sind, und wir mussten uns ganz ordentlich entschuldigen und ich habe Constanze meinen Alien geschenkt und ihr gesagt, dass er von weit her gekommen ist, nämlich von Kastanian 3 und dann war die plötzlich ganz komisch, die Constanze, und sie hat sich bedankt und ist ganz rot geworden und hat gesagt, dass er einen Ehrenplatz bekommt, mein Alien und Fritz hat wieder blöd gelacht und gesagt, das sei doch nur Kastanienschrott, und ich habe ihm eine getafelt und da musste ich mich schon wieder entschuldigen, diesmal beim Fritz, und ich hatte nichts mehr, was ich verschenken konnte, und da war der Tag für mich gelaufen,

und morgen Nachmittag hat mich
die Constanze zu sich nach Hause
eingeladen, aber ich weiß nicht,
ob ich hingehe, bei Mädchen
fühle ich mich nie so gut, man
kann keinen fahren lassen
und die Mädchen wollen nie
Skateboard fahren und so was
und irgendwie komme ich mir
bei Constanze vor, als wäre ich
von Kastanian 3 und hätte vier Beine.

DAS SCHNEEPAAR

ALSO, jetzt ist endlich genug Schnee da, damit man

einen Schneemann bauen kann, und ich finde

das schön, obwohl so ein Schneemann ja eigentlich

zu nichts nutze ist, man kann ihn höchstens ins Tor

stellen, wenn man Fußball spielt, aber im Schnee Fußball

spielen ist eine blöde Idee, das funktioniert nicht besonders gut,

und jedenfalls haben wir heute den ersten Schneemann gebaut, also der

Fritz und die Therese und mein Papa und ich und der Schneemann

war ziemlich groß, fast so wie der Papa und wir haben ihm einen Schal

angezogen und einen Besen in die Hand gegeben und dann hat mein

Papa gesagt, dass der Schneemann

ganz schön einsam sei, und er hat

gesagt, dass wir noch eine

Schneefrau bauen müssen,

damit er jemanden hat,

mit dem er sich unterhalten

kann, und ich habe mich ein bisschen gewundert, weil ich noch nie gehört habe, dass ein Schneemann reden kann, aber ich habe trotzdem mitgemacht, weil ich dem Papa eine Freude machen wollte, wo er doch so einen Spaß hatte, und wir haben noch mehr große Schneekugeln gemacht, bis der Rasen wieder ganz grün war, weil wir den ganzen Schnee gebraucht haben, aber als die Frau fertig war, hat sie genauso ausgesehen wie der Mann, und da hat der Papa der Frau einen Riesenbusen gemacht, der sah so aus wie der Busen von meiner Oma, aber er hat nicht gehalten (also der von der Schneefrau) und ist immer wieder abgerutscht, und mein Papa hat sich eine ziemliche Mühe gegeben mit dem Busen und dann hat er der Schneefrau noch eine Mütze aufgesetzt und sie hat ein Gesicht aus Kieselsteinen bekommen, und mein Papa war ganz stolz auf seine Schneefrau und er hat gesagt, so müsse eine Frau aussehen, und da ist meine Mama nach Hause gekommen und sie war auch ganz begeistert und hat gesagt,

der Papa hätte endlich mal eine Frau, die genau so

sei, wie er es sich wünscht, nämlich stumm und mit

viel Holz vor der Hütte und das mit dem Holz habe

ich nicht kapiert, weil da ja gar kein Holz war und

auch keine Hütte, und das mit dem stumm stimmte

ja auch nicht, weil der Papa ja gesagt hat, die könnte

sich unterhalten, die Schneefrau, aber es ist ja auch egal,

weil inzwischen sind es wieder zwei Schneemänner,

weil vorhin der Busen wieder abgebrochen ist, und so gefällt mir das

auch besser, das muss ich mal sagen, Schneefrauen sind irgendwie

zu kompliziert.

DAS HANDSCHUH-ABENTEUER

ALSO, das mit dem Schlittschuhfahren, das ist ganz schön gefährlich, und unsere Lehrerin Frau Kördel hat das auch gesagt und man darf niemals ohne einen Erwachsenen aufs Eis gehen, und das ist eigentlich schön blöd, weil das Eis ja erst dadurch richtig gefährlich wird, dass die Erwachsenen darauf rumtrampeln, denn sie sind ja viel schwerer und dann bricht das Eis und wer ist schuld, natürlich wieder die Kinder, ist ja klar, und jedenfalls waren wir am Teich, der ist so groß, dass die älteren Kinder darauf Hockey spielen können und die kleinen fahren herum, und ich war auch da mit dem Fritz und wir haben Steine aufs Eis geschmissen und da ist so ein Großer gekommen mit einer ganz coolen Eishockey-Ausrüstung mit allem Drum und Dran und er hat ausgesehen wie ein Superheld, außer im Gesicht, weil er da unheimlich viele Pickel hatte, und meine Mama hat mal gesagt, dass es die schlimmste Zeit ihres Lebens war, wo sie so viele Pickel hatte, und der große Junge hat bestimmt auch gerade eine schlimme Zeit, weil er ganz schlechte Laune

hatte, und er hat uns verboten, die Steine zu schmeißen, weil man

dann nicht mehr richtig übers Eis fahren kann und wir seien Hohlköpfe

und so was, und das hat uns gar nicht gefallen und als er wieder weg war,

da habe ich noch einen größeren Stein geworfen und der Fritz auch,

und er hat sich da aber ein bisschen doof angestellt, weil er nämlich nicht

nur den Stein geworfen hat, sondern er hat dabei seinen Handschuh

gleich mitgeworfen, der ist ganz weit auf den Teich geflogen und mitten-

drauf liegen geblieben und ich habe zu Fritz gesagt, dass er ein ganz

schöner Hohlkopf ist und was machen wir denn jetzt, und er hat los-

geheult, dass er nicht ohne den Handschuh nach Hause kommen kann,

weil seine Mama ihn dann wahrscheinlich in eine Blume verzaubert und dann kann er den Rest seines Lebens auf der Fensterbank rumstehen und auf frisches Wasser warten, und das hat mich auf die Idee gebracht, dass wir einfach warten und wenn das Eis getaut ist und das Wasser wieder da ist, dann treibt der Handschuh einfach an Land und er muss ihn nur zu Hause auf der Heizung trocknen, und das war eigentlich eine gute Idee und wir haben auch eine halbe Stunde gewartet, aber das Eis ist nicht geschmolzen und dann wurde es dunkel und die großen Jungs sind nach Hause gegangen, aber wir standen immer noch am Ufer und dann habe ich gesagt, es wäre doch gelacht und auch wenn wir das nicht durften, könnten wir ruhig drüberlaufen, schließlich sei das ein Notfall, und dann bin ich los, um den Handschuh zu holen, und Fritz ist

mitgegangen, weil wir erstens Freunde sind und zweitens war es ja sein blöder Handschuh, und wir haben ihn geholt und auf dem Rückweg hat es plötzlich geknackt und dann kracks, bin ich mit dem Fuß ins Eis eingebrochen, weil da ein kleines Loch war, und wo kam das kleine Loch her, natürlich von dem großen Stein, den ich geworfen habe, das muss ich schon zugeben, und ich habe den Fuß schnell aus dem Wasser gezogen, aber es hat nichts genutzt, weil das Loch schon zu groß war und ich bin ganz reingebrochen und es war eisekalt und ich glaube, dass ich ein kleines bisschen geweint habe, aber nur vor Schreck, weil es so kalt war, aber der Teich war an der Stelle nicht tief und ich habe nur bis zu den Knien im Wasser gestanden, aber das hat mir schon gereicht und der Fritz war da schon am Ufer und hat immer gerufen, ich soll einfach rauskommen, aber das ist nicht so einfach und ich habe das Eis vor mir durchgebrochen und am Ende habe ich es geschafft und bin rausgekommen, aber ich war unten ziemlich nass und dann sind wir nach Hause gelaufen und meine Mama hat mir die Sachen ausgezogen und ich bin in die Wanne und sie hat mir einen Kakao gemacht und heute musste ich nicht in die Schule, weil ich ein bisschen krank bin, und das ist natürlich nicht so schlecht: Erst was Dummes anstellen und nachher Plätzchen ans Bett kriegen.

HERR KLEINHUBER IST MEIN FREUND

ALSO, was ich im Winter nicht so gut finde, das ist, dass es kein Eis gibt, also draußen schon, aber im Kühlschrank nicht und meine Mama sagt, es sei die falsche Jahreszeit für Eis, dabei stimmt das ja nicht, weil es im Kino auch im Winter Eis gibt, und das ist ja auch drinnen, das Kino und da bekomme ich immer ein Eis, auch im Dezember und mein Papa hat gesagt, das sei was anderes, und das verstehe ich nicht, weil er im Sommer genauso viel Bier trinkt wie im Winter und das ist auch im Kühlschrank und Butter auch und Eier und so weiter, und meine Mama hat gesagt, das seien alles Sachen, die man immer braucht, dabei braucht man Eis auch immer und sie hat das nicht verstanden und neulich, da hatten sie abends Besuch und was hat es da gegeben: Eis mit heißen Himbeeren und das fand ich ungerecht und da habe ich Krawall gemacht und mein Papa fand das gar nicht lustig, weil der eine Mann, der da zu Besuch war, das war nämlich sein Chef und der hat zum Papa gesagt, er fände es auch ziemlich ungerecht, und er hat mir sein Eis mitsamt den Himbeeren geschenkt und er ist sehr nett, der Chef vom Papa, obwohl er eine ganz hässliche Krawatte hatte und eine Glatze und er hat die ganze Zeit geredet, der Chef, und dann hat mein Papa immer laut gelacht, auch wenn er sonst eigentlich nie so laut lacht, und als der Herr Kleinhuber, so heißt der Chef, mir sein Eis geschenkt hat, da hat der Papa gar nicht mehr gelacht und er hat gesagt, ich soll jetzt mal langsam ins Bett gehen und dabei war es noch gar nicht spät und Samstag und Herr Kleinhuber hat gesagt, so sei der Papa in der Firma auch immer und dass man auch mal alle fünfe gerade machen müsse oder so, und das habe ich nicht verstanden und Papa hat ganz komisch geguckt und sein Eis gegessen und es ist ihm was aufs Hemd getropft und dann ist er auf die Toilette gegangen und Herr Kleinhuber hat sich noch mein Zimmer angeguckt und er hat gesagt, dass er mal mit meinem Bumerang wirft im Sommer, und darauf freue ich mich schon, weil man das nur gut im Sommer machen kann und auf jeden Fall will er mich wieder mal besuchen und ich bin dann ins Bett gegangen und jetzt ratet mal, was am nächsten Tag im Kühlschrank war, nämlich Eis am Stiel und da hat meine Mama wohl beim Einkaufen ihre Meinung geändert und das muss man meinen Eltern lassen, manchmal sind sie wirklich ganz vernünftig.

MEIN ERSTER AUFTRITT

ALSO, der Herr Klokov, das ist mein Klavierlehrer und er ist ziemlich
berühmt, hat meine Mama mal erzählt, aber das glaube ich nicht so,
weil wenn er berühmt wäre, dann wäre er im Fernsehen und nicht bei
uns in der Musikschule und dann würde er nicht da rumsitzen und
mit mir »Horch was kommt von draußen rein« spielen und ich glaube,
ich habe schon einmal erzählt, dass ich einmal die Woche zu ihm muss
und dann bringt er mir bei, wie man Klavier spielt, und er wackelt mit
dem Kopf und manchmal, wenn ich nicht gut geübt habe, sagt er, dass
er lieber wieder nach Warschau gehen würde, und jedenfalls hat der
Herr Klokov ein großes Konzert beim Weihnachtsschulfest organisiert
und da musste ich auftreten und alle anderen Schüler von ihm
auch und ich war unheimlich aufgeregt und Herr Klokov hat gesagt,

das heißt Lampenfieber oder so, aber mir war eigentlich kein bisschen warm und zuerst waren die Mädchen aus der Vierten dran und sie haben was getanzt und sahen aus wie dicke weiße Vögel, und meine Mama hat gesagt, das seien Schwäne, und dann kam der Schuldirektor und hat gesagt, dass es gleich Punsch gibt, und die Väter haben hoho gemacht und dabei weiß ich nicht, was daran so toll sein soll, weil es schmeckt nur wie warmer Wein und ich verstehe nicht, dass die Väter so etwas gerne trinken, aber ich verstehe auch nicht, was an Sauerkraut so toll ist und das mögen die Erwachsenen auch, und dann kamen wir dran und Herr Klokov hat sich ganz komisch ans Klavier gestellt und er hat was gesagt, aber man versteht ihn nicht so gut, den Herrn Klokov, weil er aus Polen kommt, und dann musste die Annemarie was spielen und sie konnte es aber nicht so richtig und sie ist nicht bis zum Ende gekommen, weil sie plötzlich angefangen hat zu heulen, und da ist ihre Mama auf die Bühne gekommen und alle haben geklatscht, obwohl die Mama von der Annemarie gar nicht gespielt hat, sondern die Anne-marie, und danach war der Konstantin dran und das, was er gespielt hat, kann ich auch und er hat es aber doppelt so schnell gespielt wie nötig, vielleicht weil er schnell fertig werden wollte damit, und dann sollte ich mein Lied vorspielen und da hatte ich plötzlich fürchterliche Angst,

dass ich mich verspiele und alle lachen und dann kommt wieder die
Mutter von der Annemarie auf die Bühne oder so, und Herr Klokov
hat mich mit seinen großen Augenbrauen angesehen, und da habe ich
meinen Papa im Publikum entdeckt, das war eine ziemliche Über-
raschung, weil ich dachte, dass er lieber in die Arbeit geht als aufs
Schulfest, und er hat gelacht und ein Auge zugeknipst und da habe ich
gedacht, dass ich es vielleicht doch hinkriege, und habe mich ans
Klavier gesetzt und was soll man sagen: Es war prima, weil ich mich
kein bisschen verspielt habe und es hat alles geklappt und alle haben
geklatscht, sogar der Herr Klokov und danach hat er mit meinem
Papa einen Punsch getrunken und er hat gesagt, dass er sehr zufrieden
gewesen ist, und ich glaube, er geht jetzt erst mal nicht nach Warschau.

HEILIGABEND

ALSO, an Heiligabend ist es bei uns immer unheimlich aufregend, das fängt schon morgens an, weil mein Papa dann den Baum reinholt, und dann stellt er ihn in so einen Eisentopf und die Spitze biegt sich unter der Decke und dann denkt er nach, ob er die Spitze abschneidet oder lieber unten was absägt, und dann sagt Mama, er soll unten was absägen, weil man sonst den Stern nicht draufstecken kann, und das finde ich auch, weil ich nämlich den Stern gebastelt habe, und dann holt der Papa die Säge und diesmal hat er nicht nur ein Stück vom Baum abgesägt, sondern auch etwas vom Sofa, weil er den Baum darüber-gelegt hat,

und Mama war sauer und ist in die Küche gegangen,
und ich dachte schon, das wird ja ein schönes
Weihnachten, aber dann haben sie sich wieder
vertragen und auf der Sofalehne liegt jetzt
immer eine Decke und das sieht sehr schön aus,
findet der Papa, und er gießt einen Rotwein aus
der Flasche in eine andere Flasche, damit der Wein
atmen kann und dabei kann ein Wein gar nicht atmen
und ich glaube, er hat mich nur veräppelt und jedenfalls habe ich den
großen Glasstopfen genommen, der neben der Flasche lag und habe ihn
ganz fest hineingedrückt, weil mein Papa mal gesagt hat, dass man
Flaschen immer verschließen soll, besonders Limonade und Mineral-
wasser, weil es sonst nicht mehr schmeckt, und ich dachte, ich tue ihm
einen Gefallen, aber dann ist Papa mit der Flasche rumgelaufen und
hat gerufen, welcher Blödmann die Giraffe zugemacht hat, und dabei war
da nirgendwo eine Giraffe und man kann die ja auch nicht zumachen
und manchmal ist er mir ein Rätsel, der Papa, und auf jeden Fall hat
er den Glasstopfen nicht mehr rausbekommen aus der Flasche und er
hat sie aus Versehen kaputt gemacht, und dann hat er gesagt, dass für
ihn Weihnachten gelaufen ist, aber das stimmte nicht, weil er später doch
wieder gute Laune hatte, und ich war ziemlich froh, weil ich es nicht mag,

wenn bei uns Streit ist und dann sind wir in die Kirche gegangen, außer
Mama, die ist nicht mitgekommen, weil sie gesagt hat, dass sie aufs
Christkind warten muss und irgendwer muss ihm ja die Tür aufmachen,
und dabei glaube ich gar nicht mehr so richtig ans Christkind, weil
es ja wohl nicht sein kann, dass ein einziges Christkind die ganzen
Geschenke für alle Kinder der Welt ganz alleine rumschleppt, das muss
man sich mal überlegen, dass das nicht gehen kann, weil es insgesamt
auf der Welt mindestens 1000 Kinder gibt und das kann das Christkind
gar nicht alleine schaffen, aber vielleicht irre ich mich auch, und in
der Kirche ist es an Weihnachten schön, weil überall Kerzen brennen,
und ich durfte beim Krippenspiel mitmachen und ich war einer von
den blöden Nachbarn, die Maria und Josef nicht reinlassen wollen, und
ich musste sagen: »Den Riegel vor, ich sage Nein!« und das habe ich
auch gesagt und dann habe ich dem Constantin – der war der Josef –
die Tür mitten ins Gesicht geschmissen und das war natürlich nicht mit
Absicht, aber er hat sich ein bisschen wehgetan und hatte Nasenbluten
und so war es wahrscheinlich in Jerusalem für den echten Josef damals
auch, und nach der Kirche sind wir zu Fuß nach Hause gegangen,
der Papa und die Therese und ich, und ich war total aufgeregt, weil ich
wusste, wenn die Mama vor der Haustür eine Kerze aufgestellt hat, dann
war das Christkind da, und tatsächlich: Da hat eine Kerze gebrannt und

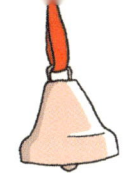

ich bin wie der geölte Blitz zur Tür gelaufen und habe geklingelt und
dann haben wir vor dem Baum gestanden und ich habe vor Aufregung
fast ein kleines bisschen geweint und Mama und Papa haben sich
geküsst und dann musste ich aber erst noch was auf dem Klavier spielen
und Therese auf der Gitarre, weil Mama und Papa das schön finden,
und wenn ihnen das so gut gefällt, dann könnten sie ja auch selber mal
was spielen, aber das machen sie nie, und dann haben wir reihum
etwas ausgesucht von den Geschenken und bei uns darf immer nur
einer gleichzeitig was aufmachen, weil der Papa findet, das hat mit

Respekt zu tun oder so was und es war trotzdem ganz toll, und am Ende habe ich doch mehr vom Wunschzettel gekriegt, als ich dachte, aber es war überhaupt kein Hase dabei, obwohl ich mir so irre dringend einen gewünscht hatte, sondern bloß ein Hamster, weil die Mama gesagt hat, dass ich erst einmal mit einem kleinen Tier üben soll, und ich weiß gar nicht, was ich mit dem üben soll, weil er eigentlich gar nichts macht, außer wie ein Irrer im Laufrad rumzurennen, und Papa hat gesagt, dieser Hamster würde ihn sehr an ihn selber erinnern, aber das habe ich nicht verstanden, also mein Papa ist mir manchmal echt ein Rätsel.

DER BÖLLER

ALSO, das Doofe an Silvester ist, dass es eigentlich
ein Fest für Kinder ist, aber es fängt erst so spät an,
und da schlafen normale Leute schon längst und
das verstehe wer will und es macht aber trotzdem Spaß,
und mein Papa und ich, wir sind in den Baumarkt gefahren und haben
ein Feuerwerk gekauft mit Raketen und so und Heulern und Sprühregen
und allem Drum und Dran, obwohl die Mama sagt, dass sie es blöd findet
und Geldverschwendung und ich muss jetzt mal sagen, dass ihr Parfüm
noch viel mehr Geldverschwendung ist, weil es nicht mal knallt, und
ich liebe Böller und der Krach ist ja gerade das Tolle, aber sie sind auch
ganz schön gefährlich und man muss aufpassen, sonst fliegt einem
der Arm weg und ich darf nichts alleine anzünden, aber ich darf ja noch
nicht einmal den Adventskranz alleine anzünden, obwohl ich das schon
mal gemacht habe, und da war ganz schön was los bei uns, wo ich jetzt
aber nicht weiß, ob es wegen der Kerze war oder wegen dem Streichholz,
weil man super damit malen kann, wenn sie abgebrannt sind, und ich

habe ein Männlein damit auf die Tapete gemalt, aber das ist schon lange her und jetzt mache ich so einen Blödsinn nicht mehr, und auf jeden Fall haben wir das Feuerwerk gekauft und da war ein Mann, der hat da gearbeitet, und er hat den Papa gefragt, ob er mal was ganz Besonderes haben will zum Rumknallen, und Papa hat geantwortet, immer her damit, und der Mann hat uns einen ganz krassen Böller gezeigt, der war größer als eine von den großen Kartoffeln, die wir im Sommer ins Lagerfeuer geworfen haben, und Papa hat ihn gekauft und gesagt, den heben wir uns für ganz am Ende auf, und das fand ich blöd, weil ich Angst hatte, dass ich ganz am Ende wahrscheinlich eingeschlafen bin und dann habe ich nichts von dem Riesenböller, aber Papa hat mir versprochen, er weckt mich, und wir haben erst mal abends Fondue gemacht und da muss man auch sehr aufpassen, dass man den Topf nicht umschmeißt und wer weiß, was da alles passieren kann, und danach war Bleigießen dran und da muss man auch aufpassen, denn da

können schlimme Dinge passieren und insgesamt ist Silvester supergefährlich, und als ich fast eingeschlafen war, da war es Mitternacht und Mama und Papa haben Sekt getrunken und ich durfte mal nippen, aber es schmeckt nicht, es schmeckt wie der uralte Apfelsaft, den ich unter meinem Bett gefunden habe, aber Erwachsene trinken es trotzdem, und dann war es endlich so weit, dass wir unsere Raketen abgeschossen haben und Papa hat sich ganz viel Mühe gegeben, weil der Herr Neugebauer von gegenüber auch draußen war und der hatte auch Raketen und ich habe gedacht, gleich schießen sie sich mit den Raketen ab, aber es ist nichts passiert und als wir gar nichts mehr hatten, da hat mein Papa gerufen »Sooo, wo haben wir denn unseren Superböller?« und der Herr Neugebauer hat ganz komisch geguckt, weil er damit wohl nicht gerechnet hatte, und Papa hat den Riesenkracher aus der Tüte geholt und ihn ganz vorsichtig auf den Boden gelegt und dann hat er ihn angezündet und gerufen, dass wir ganz weit weggehen sollen, und das habe ich auch gemacht und ich habe mich hinter Papa versteckt und dann hat die Lunte gezischt und es war

superspannend und dann hat es aber nur so ein ganz merkwürdiges Geräusch gegeben, wie wenn unser Hund einen fahren lässt, und sonst ist gar nichts passiert und Herr Neugebauer hat sich schlappgelacht und Papa war ziemlich sauer deswegen und ich finde, dieser Superböller war eigentlich genauso aufregend wie die große Kartoffel, die wir ins Lagerfeuer geschmissen haben, aber die konnte man wenigstens hinterher noch essen.

CHARLOTTE

ALSO, in den Skiferien, da habe ich ein Mädchen kennengelernt und
ich weiß schon, Mädchen sind irgendwie komisch, aber die nicht, die war
ganz normal und sie hieß Charlotte und wohnt in Berlin, wo immer
das nun wieder sein mag, und sie hat gesagt, es ist die größte Stadt in
Deutschland, aber da hat sie bestimmt geflunkert, weil ich schon mal
in Nürnberg war auf dem Weihnachtsmarkt und das ist der größte,
und warum sollte der dann in einer Stadt sein, die nicht die größte ist,
das hat ja keinen Sinn und auf jeden Fall habe ich sie in der Skischule
kennengelernt, wo Therese und ich hinmussten, und ich glaube, Mama
und Papa haben uns nur da hingeschickt, damit sie alleine sein können,
Erwachsene sind manchmal so und sie wollen auch mal ihre Ruhe
haben, wobei da in dem Skiort war es nicht sehr ruhig und ist ja auch
egal, die Charlotte war bei mir in der Pinguingruppe und sie hat
mich immer so angelächelt und ich glaube, sie hat mich gemocht und
da habe ich ihr den Stock aufgehoben, den sie verloren hat, und dafür
hat sie mir beim Mittagessen ihren Kaiserschmarrn geschenkt und das

macht man ja nicht, wenn man einen nicht leiden kann, und man
kann sogar mit ihr reden und Therese hat dann abends gesagt, ich wäre
verknallt in Charlotte, aber das war Quatsch, weil ich ja nicht gleich
heiraten will und ich habe der Therese beim Abendessen einen
Rosenkohl ins Auge geworfen, weil sie mich geärgert hat, und dann
musste ich hoch in mein Zimmer und es war mir egal, weil ich
Rosenkohl sowieso nicht ausstehen kann, und später ist der Papa aber
noch gekommen und hat mir ein Stück Kuchen vom Nachtisch gebracht
und er hat mich gefragt, ob ich Charlotte wirklich mag, und ich habe
nachgedacht und Ja gesagt und da hat mein Papa gesagt, dass man sich
deswegen nicht schämen muss und es ist in Ordnung und Therese
hat es nicht so gemeint, und am nächsten Tag ist Charlotte abgereist nach
Berlin, weil sie schon eine Woche länger da waren als wir, und sie hat
mir einen Zettel gegeben, wo ihre Adresse und ihre Telefonnummer
draufgestanden haben, den hat ihre Mama für sie geschrieben und ich
habe ihn in meine Hosentasche gesteckt und dann sind sie gefahren
und ich war traurig und zu Hause hat meine Mama dann die Hose
gewaschen und man kann überhaupt nichts mehr erkennen auf dem
Zettel und die Adresse ist futsch, aber das macht eigentlich nichts,
weil ich überlegt habe, ich fahre einfach mal nach Berlin und suche
sie, so groß kann das da ja nicht sein, eigentlich.

DER WINTER DAUERT SOOO LANGE

ALSO langsam reicht es mir mit dem Winter und ich finde,
der dauert jetzt schon ganz schön viel zu lange,   und am Anfang
findet man den Winter ja noch super, wenn man nach Hause
kommt und die Brillengläser werden ganz neblig, aber das geht auch,
wenn die Mama Nudelwasser abschüttet und man guckt in den Topf

und das macht Spaß, weil man sich fühlt wie
ein Monster, und ich mag auch eigentlich
den Schnee, aber jetzt ist er nur noch matschig
und fies und man kann gar nichts mehr damit
anfangen, und deshalb wird es mir langsam zu viel
mit dem Winter und ich möchte, dass jetzt bald endlich
Ostern ist, weil man da im Garten nach Eiern und Süßigkeiten suchen
kann, und ich kann es kaum abwarten, und gestern Abend, als der Papa
mich ins Bett gebracht hat, da habe ich ihn gefragt, wie lange es noch
dauert, und er hat gesagt, es ist noch ein paar Wochen hin, und dann
hat er mir erklärt, wie das mit dem Jahr funktioniert und er hat gesagt,
erst kommt Ostern, dann kommen die Blumen und dann werden
die Bäume wieder grün und dann kommt der Sommer und dann habe
ich Geburtstag, das ist, wenn es Kirschen gibt, und dann sind die großen
Ferien und wir fahren in den Urlaub und dann fängt die Schule wieder
an und dann fallen die Blätter von den Bäumen, aber es ist noch
warm, und dann wird es immer früher dunkel und dann kommt der
Sankt Martin und dann der Adventskalender und dann der Nikolaus
und danach kommen Weihnachten und Silvester und dann fahren wir
in die Skiferien und dann kommt noch Fasching, und wenn es einem
dann langsam langweilig wird mit dem Winter, dann ist endlich Ostern

und der Osterhase kommt und ich habe gedacht, vielleicht kann ich
ja den fangen und ich setze ihn zu meinem Hamster in den Käfig,
obwohl das ziemlich eng wird für beide, und jedenfalls geht an Ostern
alles von vorne los und das finde ich auch gut so, weil wenn es immer
wieder von vorne losgeht, dann muss man überhaupt keine Angst haben,
dass man irgendwas verpasst und ich finde, das ist das Schlimmste
im Leben, und Papa hat mir ein Küsschen gegeben und er hat gesagt,
dass ich ganz bestimmt nichts verpasse, und dann bin ich
eingeschlafen und vorher habe ich an den Sommer gedacht
und eins stimmt wirklich, also ich liebe den Sommer
fast noch mehr als den Winter, das könnt ihr mir glauben,
mir: dem Max.

JAN WEILER, 1967 in Düsseldorf geboren, besuchte die Deutsche Journalistenschule und arbeitete elf Jahre lang beim Süddeutsche Zeitung Magazin in unterschiedlichen Funktionen, die letzten fünf Jahre als Chefredakteur. Seit 2005 ist er freier Schriftsteller. Er verfasst vor allem Romane, Kolumnen, Hörspiele und Drehbücher und tritt auch als Sprecher auf seinen CDs und als Vorleser auf Tourneen durch ganz Deutschland in Erscheinung. Er lebt in München und Umbrien.

OLE KÖNNECKE, 1961 geboren, wuchs in Schweden auf und lebt in Hamburg. Seit 1990 hat er über 30 Bücher gestaltet, für die er mehrfach mit nationalen und internationalen Preisen ausgezeichnet wurde. Bei Hanser erschienen u. a. das erfolgreiche Bilderbuch *Wie ich Papa die Angst vor Fremden nahm* (Text: Rafik Schami), die Anton-Bücher, *Das große Buch der Bilder und Wörter* (2010), *Das große Bilderbuch der ganzen Welt* (2014), *Elvis und der Mann mit dem roten Mantel* (2016), *Sport ist herrlich!* (2017), *Desperado* (2019), *Dulcinea im Zauberwald* (2021) und zuletzt *Hört sich gut an! 50 Musikinstrumente und wie sie klingen* (2022, Musik: Hans Könnecke).

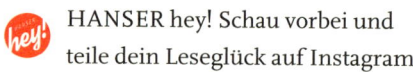 HANSER hey! Schau vorbei und
teile dein Leseglück auf Instagram

1. Auflage 2022

ISBN 978-3-446-27432-7
© 2022 Carl Hanser Verlag GmbH & Co. KG, München
Umschlagillustration und –lettering: Ole Könnecke, Hamburg
Umschlag: Stefanie Schelleis, München
Satz im Verlag
Litho: Fotosatz Amann, Memmingen
Druck und Bindung: TBB, a. s., Banská Bystrica
Printed in Slovak Republic